解身體的痛
療心裡的傷

當下的釋放

劉素珍 著
李宗燁 文字整理

想要自我成長的不二之選

——呂俐安（榮總資深臨床心理師）

曾經我是個十分容易疲累的人，每天就像拖著身體在過生活，其實身體並無大礙，就是疲憊不堪。上完素珍老師靜心班的第一堂課，回去之後，每天清晨就會醒來，醒時注意力自然落在心窩處，感覺那裡有一顆微微灼熱、像網球一樣大的鐵球。我試著與它同在並釋放，約莫兩個星期這顆鐵球化開了，同時噴出了大量被壓抑的情緒，疲憊感也隨之消逝了。這是我第一次體驗到，壓抑情緒竟然這麼耗費體力。

近年來，關於處理情緒的方法或

書籍十分盛行，也大多強調要接納與面對情緒，但若要處理過往經驗累積的情緒，則多半仰賴專業的協助。素珍老師對情緒的本質有個人十分深入透澈的領悟，她所教導的同在與釋放，是一個可以自己協助自己讓當下甚或過往情緒能量流動的方法。對於真心想要自我成長的人，我深信這本書是不二之選。

當痛苦不再名為痛苦

——林俊亮（泰美親子圖書館／泰美教育基金會董事長）

我從小就對靈性、宗教充滿了高度的興趣，四十年來幾近專業地在尋覓，歷經了許多宗教、派別的學習修練。雖然也有很多美好的體驗及瞭解，但是知道自己那深刻的不安、苦迫的模式，依然沒有什麼根本的改變。

因為要陪大女兒而參加了素珍老師的釋放課程，當時內心相當批判：這是什麼跟什麼啊！後來憑藉直覺和觀察，覺得老師是真的走過來的人，除了老師完全不用任何概念、理論來教學及回答問題外，那種真實的生命體驗，是如此的清晰細膩而且感人肺腑，因此我漸漸願意虛心敞開地學習。

剛學習釋放半年多，雖然有老師的指導，實際上仍是以前的慣性模式，急切想要解決內在的傷痛與苦迫。經過幾次的家族能量，鬆動了家族卡住的能量，以及在靜心班老師的帶領下，慢慢有了空間及能量，和這些深層的傷痛同在，讓深層的障礙有空間演繹它的本身，不再卡死！當情感開始流動改變，此時深層的信念，譬如在傷痛情結制約下對事物情境的「認定」及反射式的反應模式，也浮現而清晰了，看見自己多年來那麼強烈追求解脫、開悟的驅迫力因何而生及運作模式。不斷深入地釋放同在，深層的情結浮現，讓它展現它自己的真實，漸漸萌生了一種廣大的空間感，伴隨著一種深深的「篤定」（YES IT IS）！這讓我整個人輕鬆了下來。而且作為一個佛法的求道者，我最高興的是以往的學習，例如五蘊、緣生無常、無我……從此不再只是概念，而是生命分分秒秒中身心的現實，這樣的看見同時也是巨大的療癒能量！

雖然更核心的障礙浮現時，身心還是會痛苦糾結，但是那種篤定、清明……告別了以往的掙扎、憤怒、自我否定、挫敗，而有一種歡迎、深深的感恩，在痛苦中湧現，此時痛苦已經不名為痛苦了！有時候會想，自己何其幸運，走過四十年的尋尋覓覓，在此白髮蒼蒼的年紀，能夠碰到如此的善知識，不僅走出了傷痛模式的漩渦，也穿透了千年歷史文明煙塵，體驗了我深慕的佛陀本懷，同時也融會了此生所遇眾師長的諄諄教誨！

學會與自己的痛苦同在

——張德芬（身心靈作家）

這真的是一本實修的好書，而且淺顯易懂。

以前研究道家的時候，看到有人介紹「實修經典」就特別高興，拿到書以後打開一看，完全不懂。實修，顧名思義，就是告訴你實際可以操作、修練的方法，但是要以現代人能夠理解的語言，並且給出具體可行的步驟，這就是非常難得的。

為什麼我這麼重視「實修」這兩個字？因為在靈性成長中，太多人都是知道卻做不到，卡在滿頭滿腦的知識裡，無能為力地看著自己的生活、關係、情緒、身體一團糟。（說的也是我自己過去的經歷吧！）實際在生活當中去活出來各種道理，是非常不容易的，尤其是情緒處理這一塊，常常是很多人卡住的關鍵點。

我很幸運，認識素珍老師一年多了，這一年多來我自己的變化非常大，現在生命的基調基本就是滿足而愉悅。素珍老師是一位身體力行所有理論的老師，她所說的每一句話，教導的每一種方法，都是自己一步一腳印走過來、試驗過的。從一名家人相繼死亡、婚姻失敗、絕症纏身、性命來日不多的悲慘怨婦，到瀟灑自在、心無掛礙、隨緣安住的身心靈導師，她的經歷非常神奇，讓人由衷欽佩讚嘆。

這本書是她教學多年來的經驗總結，一步一步地詳細解說、演示一套可以讓我們從情緒的負擔、沉重的業力、身體的障礙中解脫出來的終極方法。我們常說「當下」、「覺察」、「覺知」，但是實際上如何活在當下，如何培養覺知，卻是很少有書解釋得非常清楚的，這本書基本上就是老師多年探索、研究、體會的精華分享。

素珍老師自己因為生命的重大打擊而達到了四大皆空的狀態，長期處在平靜安寧的空無喜悅之中。回頭看到眾生還在紅塵俗世的苦海中吶喊、哭泣，於心不忍，所以她出來帶領學生，大家一起研究離苦得樂之道，最終是眾樂樂的局面——每次看到老師和她的學生在一起都是非常的喜悅和歡樂。

素珍老師的修為展現在她強大而穩定的氣場裡面，和她接觸的人都能夠感受到。這本書集結了她的諄諄教誨，清楚明白地揭示了擺脫頭腦控制、走出情緒慣性的諸多方法，我試了以後也覺得非常神奇有效，希望這本書能夠被更多的人重視、發揚光大，借由實際可以操作的簡單步驟，讓我們學會與自己的痛苦同在，繼而能安住在痛苦消失之後的空無當中。

對自身故事產生更深的瞭解

——許德謙（香港精神分析學會會長／靈修導師／牧靈輔導博士）

今天不少臨床工作者都發現，身體儲存著情緒創傷的記憶，情緒的釋放本身就帶來轉化，有療癒的效果。「靜心」治療師就像一個見證人陪在側，它並不純粹是情緒的宣洩，乃助案主靜靜地觀望情感流動的過程，而對自身故事產生更深的瞭解。我相信無論是基督宗教的默觀傳統或是佛教的禪修傳統，經過與自身信仰傳統的批判整合，都可以從這種心靈療癒的方式得到啓發；助人或自助，都有裨益。喜歡素珍老師用簡潔、和藹可親的文字，傳遞那麼深邃的生命智慧。

目錄

痛苦是自己製造出來的
障礙即是自由的門
我們彼此緊密相連

釋放實例分享

身體病痛的釋放
生活事件的釋放
情緒的釋放
為家人釋放
與逝去的家人連結

書中特殊用語

障礙

受傷時，我們會生出很多的念頭，例如：我沒有用、我不夠好，並且以為討好別人、被別人喜歡，才是有用的人，終其一生都在這些念頭和以為中打轉。這些傷害跟相關的反應就是障礙。障礙指的是身心過不去的點，只要碰觸到就會生起很大的煩惱，並在這裡卡住；也因為過不去，於是在不同的時空都會重複相同的受苦劇情。

在關係中，很容易碰觸到彼此的傷害並且從傷害做反應，障礙會阻礙關係中愛的流動，同時也阻擋了我們原本的覺性。

同在、陷進去思想

釋放過程中，自然會出現很多念頭，這些念頭反映了平常的煩惱，此時藉由注意手腳的移動（詳書上練習），心就容易安定下來。意識到自己被念頭帶走時，就回到動作上，如此反覆練習，漸漸地讓自己跟念頭之間開始有距離，這是觀察念頭的基礎。

跟隨著念頭去想過去或未來的事而無視於當下的動作，就是陷進去思想裡面。當我們可以純粹地注意動作而不陷入過去與未來的想法，可以說就是一種同在的狀態。同在用再多的文字說明都比不上親自體驗，請跟隨書中的引導實際感受其中的奧妙。

什麼是釋放？為什麼要釋放？

——李宗燁

許多人一聽到釋放的方法，難免感到懷疑：「怎麼可能念幾個句子就有效果？」是的，只要願意認識它、體驗它，試著喚醒內在本自具足的能量與智慧，就會發現我們自身居然有如此強大的修復能力。

釋放的方法來自素珍老師無意中的發現。以氣功的原理來說，身體疼痛的原因是有一些卡點，氣過不去。有一次，老師想要鬆開腿部疼痛的點，卻發現以氣學的手法怎麼做都沒有用，此時她突然說出：「釋放這個疼痛的能量。」說完莫名大哭，接著腦中浮現小時候被爸爸打的畫面，很快腿就不痛了，因此發現了釋放。

釋放帶來的改變，是從身心內在的自然轉化。有一位學員告訴我：「我十多年前就上過你的課，你當時像個老頭子，現在看起來年輕多了。」這是因為，釋放會把我們內在的痛苦、內在阻塞的能量一一鬆開，具有非常強大的淨化力量。

釋放心理傷害

為什麼釋放的力量會這麼大？這是因為我們講的每一句話都帶有能量，只要正確運用「釋放句」（例如：釋放悲傷的能量），就能帶動我們過不去的、糾結的能量。

素珍老師在《愛，就在你心中》一書中寫道：「當我們陷在痛苦的時候，那個心智是處在什麼狀態？」是不是只想著要擺脫悲傷、生氣、哀傷呢？當你想要擺脫不愉快的時候，就是在跟你的痛苦對抗。我們的痛苦就是從念頭製造出來的，試圖擺脫它就是一組念頭在對抗另外一組念頭，就會產生衝突，會沒完沒了。「可是當你在注意你的痛苦的時候，你的能量會跑到注意來了，原來的對抗跟衝突就會停下來了。你在注意的那一刻，痛苦就開始轉變了。」這就是釋放的關鍵。

說出了釋放句之後，我們放鬆下來、安靜下來，去觀察身體、心理、能量的變化，這時候我們就是處在注意的狀態，沒有想要怎樣，也沒有不要怎樣。當我們這樣安靜的時候，原先不動的能量、卡住的能量、凍結的能量就開始流動了。這就是釋放的原理。當我們的頭腦不再去干涉、不再去對抗痛苦的時候，能量自然就會流動。原本讓我們受苦的煩惱，就會轉化成為滋養我們的養分。

轉化傷痛即是轉化命運

釋放可以運用在身心各方面，例如身體不適、負面情緒、失眠、一直想吃東西，特別是心理上的創傷，包括生離死別、被嘲笑、被忽視……。也許是小時候，媽媽說過：「你再不乖我就把你丟掉！」覺得可能會被遺棄，覺得媽媽一定不愛我，我是不重要的，這些感覺就像雪球一樣越滾越大。

聽到媽媽這樣說，小孩心裡很受傷、委屈、難過，不知道如何表達，它也不會自行消失，便形成一股未遂的情緒，一個沒有了結的能量。對於這種沒有了結的狀態，自然會有一股力量想要去了結它。當我們受傷以後，為了不讓自己再有這樣的傷害，我們的念頭、頭腦就會想要擺脫那個受傷的感覺：覺得會被遺棄時，就努力尋求認同；覺得不被愛時，就拚命討愛。如果沒有學會釋放，很可能一生都在傷害中打轉。

換句話說，當我們有一些傷害之後，我們的傷害就是我們的世界，我們會從傷害裡面製造生命的劇本：覺得被遺棄了，就會從被遺棄裡面製造出很多不要被遺棄的劇本，或者努力尋求被需要，努力證明自己很重要的劇本。

簡單來說，你的傷害就是你的世界，釋放就是鬆開你的傷害，改變你的命運，改變你的世界。釋放的力量，讓我們了結那些傷害，跳脫傷害的迴圈。

清理讓原諒自然發生

如果用英文來說，傷害就是一種凍結（FROZEN）的能量，當我們在釋放的時候，就是讓這個傷害流動（FLOW），當傷害流動以後，自然而然就有了接納，自然而然就原諒（FORGIVE）了。我們經常說要原諒，然而，如果是口頭上、念頭上的原諒，只是說服自己：「他不是故意的，他也很難過，所以才這樣對我。」只會更感到衝突。

讓傷害了結、讓能量流動，才是真正的原諒。釋放就是鬆開我們糾結的能量、讓它了結，傷痛了結之後，就不會再從過去的傷害中做反應，而是看到當下的美好與更多的可能性，我們就自由（FREE）了。

注意與集中精神的差別

在釋放的時候，說完釋放句之後要「注意」。多數人對於「注意」很陌生，比較常聽到的是「集中精神」。看韓劇的時候，入神到廚房水壺都燒乾了還不知道，這是集中精神；解數學方程式的時候，聽不到旁邊同學在聊天，這也是集中精神。

集中精神是一種排他性的專注，注意則是一種敞開的、開放性的專注。集中精神時，注意力都放在那個關注的焦點上；在注意時，心思沒有被占據，是放鬆的狀態。學習釋放的時候，最重要的是學習如何注意。

發現深層的信念

我們會在傷害裡面做出結論，例如「我不重要」，並且根據這個結論去解讀自己的生命，解讀自己跟別人的關係，或者一遇到事情就從「我不重要」去做反應，任由這些傷害形成我們對世界、對自己、對關係的固定看法。

藉由釋放，能讓我們對生命的信念、對金錢的信念、對健康的信念一一浮現，有機會去鬆綁那些理所當然的預設立場。

現代人習慣壓抑，不允許自己哭、不允許自己生氣，在釋放的過程中，哭很重要，哭是自然的能量流動。哭的時候，呼吸節奏會改變，會有眼淚，眼淚可以讓情緒的毒素，副腎上腺素、重金屬、荷爾蒙排出來。

哭包含聲音和眼淚，有淚無聲是泣，有聲無淚是嚎，我們釋放的時候要允許自己聲淚俱下。讓自己哭出聲音，痛苦才會從丹田、從橫膈膜那裡鬆開，才是全身投入地哭。如果只有流淚，就是脖子以上在哭而已，無法完整鬆開。如果還不習慣，先假哭也沒有關係，假哭時如果碰觸到卡住的能量，就會真的哭出來了。

哭不出來的人比哭得出來的人更痛苦。不能哭的人，苦痛可能凍結到心都死掉了，變成一個無感的人。感覺不到痛苦的時候，其實也感受不到快樂，所以要練習跟自己的痛苦在一起。當你讓痛苦流動，你的平靜與快樂就在身旁。

發洩情緒與釋放的不同

「發洩」和「釋放」截然不同。發洩是很生氣的時候就一直罵人，很難過的時候就一直哭，發洩是停留在原來受傷的認為與劇本裡面，釋放則是讓我們跟受傷的劇本保持距離。所以，釋放的哭很快就會止息，發洩的哭或抱怨卻是無止盡的。

釋放時，「同在」就是沒有希望跟恐懼的狀態，沒有希望事情變成這樣，也沒有害怕事情變成那樣。發洩時，則是陷入劇情裡，有希望、有恐懼、有要、有不要：這個人怎麼可以這樣對我！真希望那個人那樣對我！

釋放的時候是在當下，發洩的時候是在頭腦的過去和未來。如果你一直覺得「那個人對我好壞！我好可憐！」就是在發洩，如果你有同在、有定的時候，就是在釋放，這個痛苦會結束，因為你跟你的痛苦是有距離的。

釋放的六個歷程

（1）首先，意識到煩惱或障礙出現了。

（2）瞭解到我如果放任過去的模式只會讓自己或雙方更受傷，所以我先停止過去的模式，這就是「止」。

（3）明白我如果繼續逃避或是想要去除這些負面情緒，只會讓自己更衝突，並且延續這些受苦，所以我願意面對這些負面情緒。

（4）當我初步和這個不舒服接觸時，可能會出現某些情緒詞彙，可以把它們組合成適當的釋放句說出來，即使一開始不夠到位也沒關係，接下來的同在過程可能會浮現更貼切的形容詞描述當前的障礙。

（5）隨著專注同在，凍結的情緒就會一層一層顯露。

（6）我們可以從新的看見，找出新的釋放句。如此一層一層地釋放，自然會有新的瞭解與洞見。

影響釋放效果的因素

釋放的過程，就是認識自己的過程。影響釋放效果的因素很多，例如：釋放句是否到位、正確；是否慣性地壓抑情緒；對釋放是否抱持抗拒或懷疑；釋放時有沒有去除負面情緒的態度；瞭解自己、認識自己的程度：越瞭解自己，越能夠找到貼切的釋放句。最重要的是同在：心安定時，釋放的過程就能一層一層深入，不會陷入情緒或容易跳開。

釋放可以解開身心的困擾，貼近自己。隨著本書的引導，一步一步瞭解自己，就會看到：原來是我的思考模式跟態度在製造痛苦，例如對家人固著的期望、渴望得到另一半的認同等等。如果可以釋放到內在那個製造問題的人，生命就會真正的自由輕鬆。

CHAPTER 1

第 1 章

真正的幸福在你心中——釋放就是愛

我做了這麼多，你為什麼不愛我？

多數人的生命，一直在重複記憶，重複過去受傷的劇本，也把周圍的人拖下去。唯有鬆開這些障礙，才有辦法展開真正的關係，才有辦法前進，不然就會永遠停留在受傷的狀態。

幸福不是什麼事都沒發生，真正的幸福應該是彼此發生了很多事情，經歷過這一切，又可以在一起相處。當我們經歷過許多事，穿越這些痛苦，在過程中獲得智慧與成長，這些智慧跟成長會帶來心的安定。

經歷各種事情之後，彼此還能在一起，表示對這些經歷有所看見或學習，無論是壓抑或是穿越，至少我們在學習，所以對於關係或生活的受苦，不再像過去侷限於特定的解讀、觀點或期望，一旦變得寬廣，這時候就真的幸福了，因為不管發生什麼事情都可以面對，這些受苦就停止了。

關係是最困難的，每一個互動、每一句話都會互相影響。

有個母親說：「我兒子因為現在要找工作，壓力很大，他說：『我知道你很疼我，可是你把我照顧得太好了，讓我像是一個沒有用的廢人。』聽到他這樣講，我當然很傷心，那時候我只有反應，沒有辦法去覺知、沒有辦法去看到，覺得自己很委屈，然後也很生氣：『我這麼照顧你，你竟然把我嫌得一無是處。』我們就大吵了一架。」

我們做事情，背後往往有一些動機，例如也許是因為害怕對方離開，所以戰戰兢兢地一直付出，並且覺得他會看到這些付出，然後就會這樣那樣……這只是一廂情願的想法。事實上，抱持這樣的態度，我們也無法跟對方交流，因為我們對他好只是出於害怕而已。即使對方感受到你的好意，如果不是他真正需要的，反而會覺得負擔很沉重，成為一種壓力。只要能夠看見動機，對於自己所做的事就不會有埋怨。如果看不見動機，則會因為事情的結果不如預期而感到傷心。

所以，我們首先一定要「看自己」，如果一開始就「看對方」的話，關係就容易陷入僵局。我們也許很體貼，想要把對方照顧好，覺得這樣才是安心或者是愛他。其實，有時候我們陷在了自己的狀態裡，分不清楚對方要的是什麼。他明明喜歡走路，你卻老是開車送他。也就是說，一旦陷在自己的動機裡，我們做的就不是他要的，也不是真的對他有幫助。

先學會瞭解自己，才可能同理對方

為什麼我們在關係中、在與家人的互動中，明明這麼愛對方，卻經常感到挫折與憤怒？這是因為我們心中有太多的「應該」與「認為」。比方說，許多人認為「媽媽應該對孩子這樣、孩子應該對媽媽那樣」，或是「先生應該這樣、太太應該那樣」……當我們心中早有「認為」，一旦對方的表現不符合「應該」，難免覺得失望。如果不主動和對方溝通、改變互動方式，就會慢慢累積挫折、憤怒等負面情緒，最終導致關係惡化。

所以我說關係很不容易，想要做

到剛剛好，只能慢慢學習。唯有先看到或是先放下自己的預設立場，不再是「我認為」、「你應該」，才有辦法瞭解彼此的狀態──有瞭解，才有真正的愛；有了愛，才有包容，不會因為對方的一句話或一個反應而受影響。

「包容」不是刻意為之，而是源自於愛，愛則是出自於瞭解。如果缺乏真正的同理心，包容就只是空洞的概念，就算當下告訴自己要忍耐、不生氣，通常過不了多久就會故態復萌。只靠頭腦來控制行為，是沒有用的。

雖然出發點是愛，但是如果任由頭腦掌控我們，往往會把關係搞砸。唯有瞭解自己內在的受苦模式和思考慣性，才有可能跳脫出來。

學習靜心與釋放，是開啓心靈之門、瞭解自己的第一步。

幸福是心中的愛出現

渴望「被愛」是人的天性，因為我們需要歸屬感與安全感。然而，當我們想要被愛的時候，眼睛是往外看的，關係是受制於對方的，在這種狀態下，也許會有短暫的歡樂，卻不可能有幸福的感覺。

難道是我們做得不對嗎？是做得不夠嗎？或是做得不好嗎？當然不是，並非我們做得不夠好，而是我們「認為」幸福必須努力、必須做些什麼才能夠擁有，因此一直向外去找尋，忘了要從內在去探索，一直受限於這個「認為」的框架之中，即使做了很多事、付出很多努力，最後只是累積了滿腹心酸、痛苦和委屈。

事實上，幸福感無法向外尋求，而是源於我們心中有愛。

當我們開始轉換一個方向，也就是從根源的地方去看、去檢視自己生出念頭的地方，會發現裡面有一個很大的寶藏，其中包含我們經歷過的所有傷害，有怨恨、憤怒、委屈、無奈……只要試著去瞭解它們，心就會慢慢變得平靜、和諧，漸漸感受到幸福。

換句話說，幸福不是努力，而是理解、是明白、是領悟。將這種去注意、去瞭解的態度，帶進各種人際關係中，自然而然跟隨著這股能量，每一天都會充滿愛。

CHAPTER 2

第2章

最瞭解你的人是自己——釋放的緣起

釋放，從省視自己的內心開始

二十多歲的時候，我面臨一連串的人生衝擊。當時我在南部照顧父親，直到他過世，辦完後事，我回到台北。沒多久，姊姊離開人世。接著，母親也走了。前後不到三個月，我失去三個至親，那一陣子非常混亂，也非常痛苦。原本身體不舒服想去檢查，也因為發生這些事，暫時擺在一邊。

等到去檢查的時候，醫生說我的細胞「非常異常」。三十多年前，醫學觀念不像現在這麼普及，我不懂細胞異常是什麼意思？他說有可能是不治之症。我再問這個病會有什麼影響，他說：「如果檢查確定是『這個』，那麼大概不會超過一個月。」

回想起來，那段日子真是苦不堪言，不但親人相繼離世，還被診斷出絕症，被宣告「離死亡不遠了」。

當天開始，我經歷一場劇烈的改變，大約歷時六天五夜。我覺得，讓我真正活起來的是這個過程。

這一生，為什麼想的都是別人？

聽了診斷報告，回到家，我心裡的第一個想法是：「死就死嘛！有什麼了不起？有什麼好怕的？反正活著也沒有快樂可言。」

然而，這只是所謂的「念頭」，事實並非如此。當人們真正面對死亡、真正面臨即將離開的那一刻，絕對不是原本所想像的那樣。此時才知道自己有多少執念，它們都會在那個時候冒出來。

我原以為自己不怕死，因為當時我已經很會念佛，很會抄經，很會拜懺，我以為自己什麼都不怕。但是那一天，我覺得自己快要死了，我這個生命快要結束了，這是從來沒有過的感覺，非常真實、非常強烈。於是我開始哭，哭得很傷心，哭了很久很久，但是不知道在哭什麼，反正要死了就哭啊！我長那麼大沒有像這樣痛哭過。

哭著哭著，各種念頭不停冒出來：「我死了，兒子該怎麼辦？」怎麼辦？我也沒辦法啊，「我死了，我的錢怎麼辦？」當時我有個男朋友，「我死了，男朋友那麼帥怎麼辦？」

我繼續哭，從下午哭到天黑。不知道哭了多久，突然間，像是被雷打到一樣，腦海中閃現一個疑問：「為什麼我快要死了，念頭卻都是他們？」我開始覺得很奇怪，我不懂，完全不懂，為什麼我快死了，想的卻是別人，怎麼都不想想我自己？

不要活在與生命無關的事物中

於是，我慢慢安靜下來，靜靜地坐在蒲團上，只是輕鬆隨意坐著，不是打坐，這時才猛然發覺：我每天就是在想著兒子的事，想著怎麼修理他，怎麼逼他念書；想著跟男朋友見面，吃飯、打屁聊天；想著我現在有多少錢……

活了二十幾年，直到快要死了，才知道我始終活在這些念頭之中，活在自己執著的事物裡：要更多一點，要更好一點。但是它們一點都不令我快樂，而且還讓我害怕失去。

生命該是如此嗎？我感到非常震撼。原來這二十多年來，我完全沒有在活，我是一個死人。

看到了這一點，我又開始大哭，怎麼會是這樣？從這個點開始，慢慢地，我的內在有很多東西不停湧出，但是我不知道該怎麼辦，只能任它宰割。我就這樣讓思緒奔流，什麼都沒有做。我不會跟隨任何老師，而是讓我的痛苦教導我。

到了第六天，我再度大哭了一場。這次哭得很猛烈，既深又痛，跟前五天的哭泣完全不同。因為我看到每個人都這樣活著，我看到我的兒子、我的弟弟、我的哥哥、我所有的家人都活在虛幻的世界，活在自己的認知、活在爭奪、活在跟我們生命無關的事物中，而且走不出來。

這六天來，我不知哭了多少回，卻絲毫不覺得累，精神一直非常好。在這個過程中，我什麼也沒做，只是看清楚過去到底怎麼在活。我看到自己在人生中，每一天，都不斷在累積痛苦，在延續痛苦，而且是不知不覺，完全沒有意識到，就這樣子活著。直到臨近死亡，才終於看見這一點。

執念之死，帶來重生

六天五夜裡，大哭、小哭幾百次以後，我像是脫胎換骨一樣，整個人都不同了，對生命中的所有事情都改觀了。自然而然地，從那之後的每一天，我覺得活著就是不一樣。

所謂「不一樣」並非過得多采多姿、自由自在，我仍然會經歷很多苦難與挫折，可是從那天開始，我明白它們都是讓我學習的契機。對於自己經歷的每一件事，我看待的態度跟反應方式不再相同。以前脾氣非常不好，從此也完全轉變。

能夠像這樣瞭解自己深層的問題與痛苦，就會有一種活得不一樣的感覺。一個人如果能夠有這種感覺，並且用這樣的感覺去學習生命，是非常、非常美好的。所以，不要害怕面對自己。

然而，它必須出於自己的意願，沒有人可以逼迫我們。如果沒有這個過程，我也不願意學習。在這六天內，我沒跟任何一個人講過話，沒有任何人教我，當我們願意的時候，就會變得如此簡單。一開始我恐懼死亡，最後卻重新活起來。

同在的態度帶出力量

年輕的時候，我覺得生活毫無意義，不論參加什麼活動，即使是很多人一起唱歌的聚會，心裡都有一種很孤單的感覺。不論做任何事，那份孤單總是如影隨形，不會消失。

從六、七歲起，直到發現釋放的二十五、六歲，我做什麼都不快樂。我想要很多東西，真正到手的時候，卻無法打從心底感到愉悅。男朋友曾經送我一枚鑽石，我也不開心，戴過一次，從此沒有再戴。我就是不快樂，而且也不知道如何才能快樂。直到經歷了這個過程，我對生命的感覺變了，變得非常清新、非常亮麗、非常不一樣。可以說，我像是換了一顆心，終於「真正地活著」。不需要拜師，不需要任何修練跟苦行，我只是很單純地面對自己，再醜陋也好，再不堪也無所謂——就是「同在」。

「同在」讓人看清楚絕對的真實，絕對的事實。當我們能夠看見絕對的事實，我們內在的能量跟力量——也就是智慧——就會出現。

釋放，進入意識深層的受苦模式

九二一大地震後，我去災區發送救濟品，看著一棟棟倒塌的房子，非常心痛，因為它們等於一個又一個破碎的家。與某位生還者目光交會的瞬間，我永生難忘，雖然只有短短幾秒，他的眼神裡似乎道盡了生命的各種苦難：失親的痛、哀傷與驚恐。當時我不知道該講什麼，也覺得不論怎麼講都無法撫慰失去親人的痛，沒有任何語言可以安慰這個心靈。

雖然接觸過一點佛法，我還是感到使不上力。這麼大的痛苦就在那裡，到底有什麼方法能讓受苦的心靈得到療癒？我找不到答案。

跨越自我障礙，不重複相同的苦

多年前，我開了靜心班，竭盡所能以各種方式傳授所知，卻發覺無論我多賣力，都像雞同鴨講，課程只上一年就停了。雖然如此，後來只要一有機會，不論是跟同學吃飯或出遊、散步，我仍會盡心地講解。同學們都很渴望生活得快樂自由，非常認真學習，可惜五、六年下來，仍是不得其門而入。

事實上，靜心沒有技巧，一般人很難理解，也不知如何著手。很多修行人想學習，始終找不到一條可以走的路。明明知道同學們很認真，可是仍然處在受苦的狀態，像一群蜜蜂在網子裡亂飛亂竄，就是飛不出去。我看在眼裡，感到相當心疼。

跨越自己的障礙是最難的。大多數人在關係裡面重複受著這樣的苦，比如跟父母的關係，這一陣子不好，可能過一陣子好一點，然後過一陣子又不好。我是旁觀者看得很清楚，他們自己卻沒辦法看透；一旦他們可以看到這一點，那個重複就會馬上停止。

這件事放在我心裡好多年，每次靜坐，都會想到這些一再受苦卻求救無門的人。但是我知道靜心沒有技巧，因為所有技巧都是頭腦設計出來的，不會真正有用。

啟動內在本自具足的機制

有一天，我突然冒出一個靈感：直接釋放自己的障礙，然後緊緊跟隨著它。結果發現，效果出乎意料的好。釋放可以啓動我們內在本自具足的療癒機制，讓受苦的心靈一步步得到療癒。

一開始我先試著釋放身體的障礙、不舒服，我發現，只要說出對的「釋放句」，那個不舒服當下就會鬆動，除非是比較深層或久遠的傷。接下來是試著釋放情緒的障礙，效果也出奇驚人，而且幾乎不需要費什麼力氣，只要說對「釋放句」就好。

雖然當時我所學的氣功已經非常深入，可是有些身體的障礙跟情緒心念糾結在一起，無論怎麼做都解不開。因此，我不斷將釋放試用在各方面，包括身體、關係，以及我們的靈性，想知道釋放可以深入到什麼程度。

對於感興趣的事物，我會沒日沒夜地嘗試，不覺得累。於是我躺著也試，站著、坐著也試，就是一種很自然的運作。結果發現，對於跟情緒心念糾結的障礙，釋放竟然可以讓它鬆動。這種成因比較複雜的障礙，會影響我們的心情和關係；針對這類身心糾結的不適，釋放是很大的助力。

嘗試了兩年之後，我確定釋放對於一般人的障礙痛苦綽綽有餘。釋放可以帶領我們跨越原本難以跨越的痛苦，甚至可以進入意識深層的受苦模式。

釋放，
看見靈魂深處的真實感受

當病痛跟情緒糾結在一起的時候，只針對病症治療是好不了的，因為身、心會互相影響，而釋放剛好可以同時治療二者，對人產生真正、簡單、直接的幫助。現代人的壓力跟腰痠背痛、肩膀痠痛……這些症狀都可以透過釋放來緩解。

在關係中學習，解開人際糾結

釋放除了可以鬆動身體、情緒的障礙，還可以鬆開我們在人與人關係中的糾結，尤其跟家人之間。

以前，我的兒子很喜歡教我、管我，經常告訴我應該這樣、應該那樣，彷彿他才是長輩、我是晚輩。比方他常念我：「怎麼每天都坐著啊？」也常嫌我：「唉呀！你車子開成這樣，駕照是怎麼來的？」我心想：老媽我學開車的時候，你還不知道在哪裡咧，竟然說我開得不好！

兒子太愛管我，有時會讓我不愉快。我不是佛，仍然會生氣，只是情緒非常短暫。有一次在靜坐時冒出這種感覺，我就去釋放這個感覺，去看、去注意這個感覺，跟這個感覺同在，真相才浮現出來——他哭著說：「媽媽！求求你不要走！」表面上他嫌我車開得不好，實際上他願意用任何方式，甚至用生命把我留下來。

那一刻，我強烈感受到他「只要你留在這裡，願意用一切交換」的心情，非常感動。他愛媽媽，想把我留住，可是他自己並不知情，表現出來的是：「你這樣做不行，你那樣做不行，碗洗得不乾淨……」內心則是需要被愛、被呵護，「媽媽，求求你，不要放下我。」他將靈魂深處的真實感受，用「什麼都管」的方式呈現。

從這個例子，可以看到家人對我們的期望，以及我們的反應方式，並且從中學習。學習什麼？學習瞭解我們的思維，不要陷在思維裡，就像我的兒子用那個方式表現情感，如果我沒有去注意，跟他的關係就會緊張。

他沒有學習，所以用這樣的方式；如果他學習了，就會發現「原來我很愛媽媽，我是想把媽媽留著」。我一直很想要去山裡野居，這幾年來，每次一放假，哪怕只有三、四天，我都會去山上，沒有人知道我去哪裡，也沒有電話。他有時候會說：「會不會有熊把你吃掉？」其實是出於擔心。只要他能夠學習，瞭解自己的思維方式，他去覺知的時候，看到自己內在是愛媽媽，就不會用那樣的方式跟我互動了。

學會感謝，就能充滿力量

我的姊姊在民國八十一、二年過世，距今快三十年了。她是自殺走的，但我始終不願意面對這一點。她大我十歲，我一出生就是她帶著我走路、喝奶、玩，等於是她在照顧我，所以我們的感情非常、非常好，我很愛她，很依賴她。

自從她走了以後，我一直逃避這件事，連想都不願去想。直到有一天，我自己願意了，去釋放這件事情，我的第一個反應是非常憤怒：「你怎麼可以這樣離開，把我丟下來，讓我不再被愛了？」

憤怒慢慢平息下來之後，雖然變得平靜，可是好像少了什麼。我繼續靜靜地跟這個感覺在一起，讓它自動來教我。不到一分鐘，從我的靈魂裡面出現了一個非常重要的想法：感謝。

我為什麼說感謝非常重要？我感謝什麼？感謝姊姊真心為我好，真心照顧我。感謝我的靈魂、我的生命裡，有一個這樣真心愛我的人。心裡的感謝一湧現，對於她離去的憤怒、不捨，所有失去的痛苦、被遺棄的感覺，當場立刻全部瓦解，再也不復存在。

接下來，我感覺到的是，我跟她之間不會分開，她就在我的靈魂裡面、在我的心裡面，她永遠住在這裡。我這才發現：天啊！原來感謝這麼神奇！發自內心真正感謝的時候，原來有這麼大的力量。

釋放，
過著快樂自由的簡單生活

這就是我發現釋放的緣起，以及釋放有助於身體、情緒、心靈和人與人之間關係的體會。如果願意真正面對自己的身、心、人際關係的各種問題，釋放潛藏其中的障礙，每一個人都可以過著真正快樂、自由、簡單的生活。

CHAPTER 3

第 3 章

面對，覺知，清理——釋放的基本觀念

不要強迫自己「往好的地方想」

為什麼我們會一直陷在痛苦裡？也許發生的事情不一樣、時間不一樣，可是那個受苦的感覺、那個煩惱的狀態卻一直存在。

為什麼我們始終無法走出來？其中一個很大的原因，就是我們總想要對抗痛苦，想要消滅煩惱。當我們煩躁、不安時，這種感覺會令人很不舒服，甚至會帶來恐懼，所以我們的第一個反應通常是設法把這個感覺趕走。排除的方法非常多，有的人去逛街購物，有的人看電視，有的人聊天講八卦，有的人修行、持咒、念經……

不論是逛街、講八卦或持咒，目的都是想要擺脫那個不舒服的感覺，但是效果都很短暫。試過一個又一個方法，我們的問題、我們的煩惱、我們的痛苦始終存在。持續受苦，是因為我們一直逃避。

正向思考：停留在意識表層

經常有人說：「難過時，就試著往好的地方想。」這個方法不是不好，但是對我們的意識影響很大。

我的體會是，假設我們在哀傷時告訴自己「不要哀傷，要放下，這是一種磨練，讓我成長，讓我變得有力量，把它當成禮物，感謝傷害我的人」，這一刻哀傷確實會暫時不見，但是沒多久又會出來，也許不是以哀傷呈現，可能是憤怒。

在學習覺知、探究的過程中，正向思考會阻礙我們深入意識，無法找出哀傷的根源，雖然表面笑得開朗，真實的情緒卻藏在靈魂深處。所以我們要明白，正向思考不是不好，但它也形同逃避。

因為不懂得怎麼面對、怎麼跨過這個障礙，就只能往好處想，大部分的人還沒有能夠面對的能量，不得不如此。面對是需要具備能量、力量的，而我們的學習正是在累積這樣的一種力量。

轉念：否定與壓抑情緒

所謂「轉念」，就是把不舒服藏起來、壓下去。舉例來說，被罵的時候覺得不高興或憤怒，轉念就是說服自己：「我修養很好，不要生氣。」但是這麼做只是基於我們「認為」自己不應該生氣，不高興的感覺並不會因此消失。

我們對於負面情緒的認識太狹隘了，其實生氣或不高興是一種能量，是一種活力，也是一種生命的力量。如果我們習慣把憤怒、不舒服壓下去，相對地也會扼殺敏銳、熱情和活力，然後漸漸變得遲鈍跟僵硬，接下來就是生病。

由此可見，轉念並非長久可行的方法。對於負面情緒不夠瞭解，很容易一併壓抑正面的活力跟熱情。被罵之後的不舒服，唯有去瞭解它、跟它在一起，它才能夠轉化，不舒服的能量才能夠回復原來的活力跟熱情。這就是釋放的過程。

情緒就是一種能量。如果我們排斥這種能量，臉就會變得扭曲；如果我們無法接受所有的事物，只想維持表面的漂亮、美好，心就會變得越來越狹窄，無法活得寬廣。

放下念頭，接近真實的自己

有人說：「我可以把憤怒隔離起來，不讓它在生活中出現。」

我說：這個念頭對你造成了影響。念頭只是你的認為，事實卻不是這樣，你跟自己有一段很遙遠的距離。事實是什麼？我看到你經常很憤怒，我看到你有時候是用憤怒在跟人講話，我所看到的跟你的認為並不一致。

你看不到事實，因為有個東西把你跟事實隔開了，那個東西就是你的認為，認為不可以這樣、認為不要傷害別人，這些認為讓你跟自己產生隔閡。你用轉念的方式，把心中的怨恨隔離起來、覺得憤怒卻拚命壓抑，所以你和自己的距離越來越遠，最後就變得很抽離、沒有感覺。

把你的念頭放下——很簡單，不要去辯解也不要去解釋。不要被念頭誤導，不要用想的，因為用想的一定會打結。

轉念就像吃止痛藥一樣，把問題一直壓下去，壓到最後就是大病一場。因為長期都是念頭在打轉，久了就感受不到障礙。現在要去看，自己跟真實之間如果有隔閡，就是念頭的關係。

靜心：讓障礙如實呈現

曾經看過一句話：「如果你可以用安穩平靜的步調走路，你的腳下就是淨土。」

這也是轉念，告訴你該怎麼做、做什麼就會好。這不是「學習」，而是「灌輸觀念」。

用平靜的腳步走路，要去哪裡找平靜？心中的衝突那麼大，要把平靜放在上面，這是什麼感覺？如果你現在有很多憤怒，卻被要求平靜，「好吧！我平靜！」心裡卻不停在翻攪。

靜心是讓障礙如實呈現。就像雲一樣，鬆開，消散。或許你的雲是十層，讓它們一層一層鬆開，障礙就會如實地呈現，這樣你的靈魂才能越來越清晰。可是如果障礙已經有十層了，我們又在上面壓一個平靜、疊一個安穩，障礙就會越藏越深。

用「我應該……」的態度去作為，也許剛開始的五分鐘會輕鬆，很快又會恢復原狀，這就是轉念，表面風平浪靜，裡頭狂風暴雨。靜心則是一開始就呈現狂風暴雨，風雨會慢慢消失，過程中只要去「注意」。注意是一個動詞，它是活的，具有生命力量。

清理：帶著覺知，不累積

「承認」是停止受苦的第一步。很多人誤解了這個詞，覺得「承認」就代表自己是不好的、不行的、脆弱的。也有很多人一聽到「承認」，就聯想到收拾殘局、贖罪甚至判刑，所以會抗拒、想逃避。

其實，承認本身就是一種力量，意思是內心接納。可以真正承認的時候，痛苦才會結束，接下來就有新的開始；也就是說，承認才能結束、才能停止，否則這些痛苦將永遠如影隨形。

承認是清理的開始，例如罪惡感，一承認它，所有相關的糾結就會一一呈現，因為你已經在心裡清出一個空間。然而，如果缺乏覺知，清理將徒勞無功——只是不停地掃除垃圾，卻沒發現自己一直在製造垃圾。

真正的清理是「不累積」。要做到這一點，首先必須覺察，必須時時注意。我們走任何法門，學習任何解脫究竟的方法，共通點是「覺知」，若非如此，清理就沒有意義了。

當然，覺知非常困難，因為我們很容易陷入固定的思維模式，習以為常。關於這一點，我經常用這句話提醒大家：「不要認為所有事情都是理所當然。」理所當然多了，人就遲鈍了。

釋放：探究表象之下的真義

藉由釋放，可以把障礙帶出來。帶出來不是要消滅它，而是要瞭解它，清楚看見整個痛苦的真相。唯有洞悉真相，我們在關係裡面才不會被彼此掌控，此時愛才會出現。

愛不是你給我，我給你；愛是在關係裡面，彼此學習如何透過這些障礙跟對方交流。無論我們做什麼、怎麼做，如果不去瞭解這些障礙，我們始終會感到孤單，因為彼此之間的愛沒有出現。

愛沒有出現，因為被障礙遮蔽了。在這種狀況下，如果我們仍然「努力」去做很多事，想方設法要對方如何又如何，希望他這樣或我那樣，最後只會感到挫折。

以前我的孩子很愛打電動，上網的時間越來越長，我想盡方法讓他不要再上網，從一開始好好講，到最後索性去把網路停掉。其實這些舉動的背後是擔心，擔心他眼睛壞掉，擔心他課業受影響……唯有確保這些擔心不會成真，我才能放心。

先有了擔心，才需要安心。我所做的，都是為了避免自己擔心，以便我能夠放心，是出自於自己的需要，不是對方的需要。

當我們希望孩子或伴侶讓我們安心，背後通常帶著我們過去受傷的經驗，如果可以看見這個部分，藉由釋放讓障礙一一鬆動，我們才會真正自由。

由外而內，讓障礙隨能量流動

想像在一個平靜無波的湖邊，我們手裡拿著石頭，朝著湖心丟過去，湖面瞬即泛起漣漪——這就是釋放，我們將問題或困擾像石頭一樣丟進湖中，原本平靜的湖，馬上產生漣漪。這顆石頭有多大、落水有多深，漣漪就有多大、有多廣。

當湖面泛起漣漪時，覺知非常重要。因為障礙不會單獨存在，這個障礙一定跟其他障礙有所關聯，釋放過程中要讓你的心保持同在。

什麼是釋放句？

我們說出來的每句話都具有能量，能量就是一種磁場。釋放句不是咒語，這些句子有非常深層的意義，聲音的能量如果具有穿透力，就能夠藉由音波帶動障礙的流動，用能量去帶動能量。

我們的聲音是一種波動，一種能量，我們的痛苦也是一種波動與能量。說出釋放語句，就是用波動去帶動波動。

可以先從簡單的感受開始，例如莫名覺得煩悶，不知道原因，就試著釋放煩悶的能量；可以去注意自己很想做什麼事，例如很想吃東西，就試著釋放很想吃東西的能量。這是一個入門或開啓，再去注意每個出現的感覺和想法。也可以釋放腳痛，膝蓋痛，背痛，頭痛……

重點在於覺察，對於我們的障礙，保持注意的狀態。

釋放有哪些步驟？

釋放沒有固定的步驟，只要先說出想要釋放的情緒或課題就可以了，例如「釋放失去所愛」，就像打開一扇門一樣。

通常一開始釋放的是想法，慢慢地我們學會釋放情緒，接下來釋放我們的根本障礙。如果釋放到對的點，身體就會有反應。釋放的過程中會有很多感受，比如釋放到「別丟下我」，就有被遺棄、被丟下的感覺，雖然是一句話，強烈的疼痛卻像被打了一拳一樣具體。

有同學問：「我釋放到某一個地方胸口就很痛，可是再怎麼釋放，這個地方總是在痛。」

這是因為障礙會卡在身體比較弱的部位，比方說心臟血管，能量長期在這裡停滯不動。這種情緒跟肉體結合在一起的障礙，看醫生、吃藥是無法根治的，要一併釋放。胸口悶痛，就要一併釋放這裡的痛，只要找到對的句子它就會鬆動。事實上，如果我們很放鬆、很敞開，在釋放的時候，這個能量就會帶領我們，自然而然找到對的句子。在這過程中，我們等於在同理自己的痛苦。

釋放要從障礙的表層開始

委屈、掙扎、疲憊……這些情緒是有能量的波，類似彩虹一層又一層，紅橙黃綠藍靛紫，釋放的時候要由外而內，不能一下子直抵核心。這就好比我們在零下四十度的戶外，穿了四、五件衣服，現在進入室內，要把衣服脫下，請問應該從外面脫，還是從裡面脫？

有的人脫了一件，就覺得冷到受不了，不能再脫——他可能釋放到「被接納」這個階段。有的人脫了兩件，無法再繼續——他或許釋放到「被愛」這個環節。如果覺得可以，就再脫一件；覺得不行，就停下來。

釋放時，重點只有一個：你的注意跟你的安定。抱持「認識」的心態，而不是

「它應該如何」，也就是允許任何狀況、任何訊息出現，沒有任何祈求或意圖，這樣才會一層一層，深入最裡面的根本問題。

簡單說，釋放就是什麼都不用做，只要注意就好了。釋放到很重大的障礙時，比如害怕、空虛，反應一定會很大，因為是累生累世都帶著的。釋放之後，生命不再被這麼多恐懼滲透，才能夠開始真正地過生活，真正地學習。

釋放就是跟自己連結

在釋放過程中保持一種開放的態度，對它沒有特定的看法，就會是很自然的注意狀態。在這個自然的注意當中，會看到很多跟自己的心念有關的部分。

釋放時所出現的這些念頭，就是我們經歷很多事件而形成的結論，我們一直依照這個結論在生活。舉例來說，有時候我們會充滿無力感，陷在這種感覺裡面跳脫不出來。事實上，這種無力感絕對不是一個念頭造成的，而是因為經歷了很多的事情，累積了很多頭腦的干預。

很多的努力，很多的念頭、心念，還有很多的經驗全部加在一起，最後形成了無力感。我們沒有辦法直接消滅這個無力感，只有慢慢地去注意。如果不瞭解它從何而來，我們還是會在裡面重複。

「注意」是一種連結。幾乎每個人都會塑造一個「必須這樣」的形象，並且用這種頭腦建構出來的形象過日子，「如果我有一個這樣的形象，別人就會接納我或讚賞我，我就會得到認同與愛」，背後的理由其實是恐懼。如果我們沒有跟自己連結，就沒有辦法注意自己障礙的運作方式，看不清楚自己真實的樣貌，那麼即使是自己做的事、講的話，也彷彿有重重隔閡。

學習靜心，就是如實呈現單純的、直接的自己。一看清這些頭腦的詭計，面具就不需要再戴了。

釋放曾經受過的傷害

如果有舊傷，比如曾經跌倒，可以回到那個時候的畫面然後再釋放，效果更明顯，重複幾次就會好了。情緒的部分也是如此。

比如哀傷的能量出來時，我們先釋放，釋放時它會開始流動，帶出相關的事件或情景。暫時停在這個狀態，跟這個狀態同在一段時間，可能一分鐘或兩分鐘，讓哀傷的能量流動。

流動的過程中會出現很多念頭，此時要去注意，生出什麼樣的念頭，再來則是去注意，生活中對這個念頭的反應。這些念頭在我們的生活中一直在運作，只是或許並非以「哀傷」的樣子呈現，可能是事情發生或面臨挑戰的時候，我們對於這個挑戰的反應。我們要去注意到這一點。

能量怎麼進來，就怎麼出去

釋放的過程有時會咳嗽、打呵欠、暫時失去注意力，這是情緒上的負面能量或是因障礙而阻塞的能量，在找一個停留的地方或出口。

我們整個能量場是一直在循環的，只要有一個情緒或是一個障礙過不去，這個能量就會停留在身體最弱的部位，所以有人一生氣就容易咳嗽，有人一生氣就容易拉肚子。打呵欠和大腦缺氧有關，負面能量停留在腦部，容易導致睡眠品質不好，不好入睡，經常睡不飽。咳嗽也一樣，是負面能量停留在氣管、肺部這些地方。

能量一定是怎麼進來，就怎麼出去，絕對不是突然跑進來，也無法突然就排出去。當我們在釋放的時候，隨著慢慢修復與好轉，它會沿著進來的路線，以同樣的方式出去。

痛苦的人是誰？悲傷的人是誰？

不要去想著消滅痛苦，藉由釋放讓它自然消失，比我們用「想」的還快。只需要釋放能量，在過程中，覺察就會自然發生。

進入釋放的四個層面

釋放時，當我們停留在一個狀態，那個狀態的負面能量出來，可能會想哭，或覺得很委屈，這個時候只要保持放輕鬆就好。這是第一個層面。

接下來，會出現這個受苦狀態裡面的內容，也就是過去的傷，或許是小時候有一次跌倒，覺得很痛。一樣保持放輕鬆就好，什麼都不要做，跟著這個時候的感覺。這是第二個層面。

第三個層面，會看到在這個受苦裡面的一些念頭、造作、努力。只要保持同在，它們會自然地呈現，包括身體與意念的負面能量都會慢慢出來。

第四個層面是探究。舉例來說，我會在課堂上問同學：「指責的人是誰？」一樣不要用頭腦去想，探究的時候一定要保持同在。聽到「指責的人是誰」，也許會出現悲傷的人，如果用頭腦想，指責跟悲傷完全兜不起來，而事實上它們是一體兩面。

每一個探究都要注意同在，沒有頭腦的干預，同在的力量非常強大，會把我們很深的障礙都帶出來。此時再問：「悲傷的人是誰？」也許會看見某一世失去了什麼，可能會崩潰，崩潰以後，就會活起來了。那一世的傷，讓它流動，讓它被靈魂看見，我們才能重生。

釋放與探究交互運用

被遺棄也好，被鄙視也好，情緒都是從傷害而來，只是我們不瞭解這個傷痛。「釋放被鄙視的能量」，三、四次或是更多次，然後探究：「被鄙視的人是誰？」它就像一顆石頭，丟進湖裡之後，看看會激起什麼樣的漣漪。

或許是小時候成績差被笑，可能小時候家裡窮被笑，被嘲笑時會感到羞愧，我們就「釋放羞愧的能量」。羞愧的能量就是一種傷害，停留在我們的意識裡面。釋放這個能量，我們能夠承受到什麼程度，就能夠療癒到什麼程度。

探究可以運用在人事物，「被鄙視的人是誰？」也許會出現不認識的人，也許樣子跟我們現在不一樣，也許那是很久以前的事，不論出現什麼，就去一一釋放，障礙就能夠鬆開。

探究，釋放；再探究，再釋放。方法很簡單，難處在於我們如果缺乏覺察與安定的力量，就沒有辦法抓住、跟隨著這個過程一路到底，很容易中途就下車了，坐不到終點站。

沒有去苦的動機，才有同在

覺得痛苦的時候，我們第一個反應是了結痛苦。肚子痛？趕快看醫生，吃藥、打針就好了！心裡受苦時，往往也只想盡快把痛苦壓下去。

一直帶著「消滅痛苦」的動機，會走上錯誤的路。如同要成功、怕失敗是為了消滅恐懼，如果我們沒有要去苦，就不會製造出一個又一個欲望。

不怕渺小，就不會凡事都要證明自己；對得失沒有想法，就不會汲汲營營追求成功。一旦想要成功，害怕失敗的恐懼就出來了；想要被尊敬，害怕渺小的恐懼就出來了。想要去苦，生命就一直糾結。

去苦的動機是心智的活動，由意志力驅使，是一種頭腦的說服，而不是真實的覺察。唯有停止意圖，內心的穩定才會出現，內心有了穩定，便能解脫自身的侷限。

心智活動無法抵達解脫的層次。

以「釋放自憐」為例，當我們說「現在釋放自憐的能量」，它有一個、兩個、好多波段的障礙與能量，這些能量會一一開始流動。但是如果去苦的動機太強烈，動機就是念頭，就是頭腦的東西，那個波就會變得非常微弱，阻礙出來的能量。

同在不是要消滅、解決痛苦，而是看到「這個痛苦是我的頭腦創造出來的，是虛幻的」。就像我以前生過病，後來很害怕再生病，我的頭腦就先製造一個念頭，必須怎麼樣，絕不怎麼樣，然後不斷衍生各種想法與作為，為了「害怕生病」而痛苦。

不是把痛苦釋放掉，它沒有了，所以同在。真正的同在是不對抗它、不消滅它，知道它是虛幻的。

停止與直看，全神貫注

說出一個釋放的句子，停下來。此時出現什麼念頭？有什麼反應？這個停止，是釋放的重點。

比方我們說出「釋放自責的能量」，停下來，這個時候可能出現各種感覺，或許是挫敗，或許是憤怒，我們不知道會是什麼，也無法預設何時會出來，當它出來時，會覺得不舒服，很疲憊，或是很多形式的痛苦。

痛苦三秒、四秒、五秒就過去了，可能會再浮現另一個很強烈的情緒，例如想要得到認同、成功的欲望，也可能是愧疚感。停在這個狀態，停一段時間，讓這個能量走完。不要刻意去找尋它，讓它自然地流動。結束後，會有一種很難形容的放鬆，不知不覺中，障礙就不在了，或是變弱了。下一次，這個感覺一出來，我們立刻就能辨認，不是用頭腦，而是用能量。

這種沒有動機的「直看」就是全神貫注，表示你的念頭沒了，你的問題、你的痛苦就開始變化，這個時候才可以真正看清真相，這就是同在的精髓。

所以為什麼我們要面對自己的痛苦，即使是多麼醜陋、不完美，那是你覺得醜陋，你覺得不完美，那是你的覺得，不一定是事實。當我們講出一個句子之後的那個停止，這一刻你處在什麼樣的狀態？這一刻所有感官的注意，足夠融化你的障礙。這一刻你才能夠瞭解真正的你，而不是你認為的你。

面對是「現在」，障礙是「過去」

我們之所以痛苦，原因在於把過去當成了現在，記憶與反應仍然停留在受傷的那個時候，我們把它記下來，再用這樣的態度去解讀、用這樣的方式去回應「當下」，我們不知不覺受到過去傷害的影響，又把它投射到未來，讓障礙與恐懼的根越扎越深。

釋放過去的障礙，不是為了回顧過去，而是能不能看到「現在已經不是受傷的那個時候了，可是我卻讓過去影響現在」。看到這一點，障礙就鬆開了。重點不是我們該怎麼做，不是按照一個固定的方法反覆練習，而是我們有沒有注意到自己的反應，對事情的反應，對念頭的反應，對周圍事物的反應。

如果不能保持同在，就會陷入慣性的反應模式，這個反應從來不會是新的，全部源自於過去發生的經驗或觀念。從一個死掉的經驗或信念所衍生的反應，脫離不了過去的影子，不會有新的創造力。我們的生活與關係都是現在的活動，可是我們卻用過去的經驗在反應，當然看不到我們的問題或當下的真相，關係才會無法交流。

認清障礙就是愛

他不應該對我這樣，如果他沒有對我這樣，我就不會這樣……這是什麼？這是念頭、想法，如果任其操控，難過的情緒還會在你身上住很久。

想要療癒傷痛，「愛」是唯一的藥。如果真正愛一個人，我們不會說：「完全聽我的話，我才愛你！」「你要做這件事，我才愛你！」既然如此，能不能用這個態度釋放傷痛？對傷痛有愛，那是什麼感覺？

覺得難過的時候，就跟著這個感覺，和它在一起，沒有去想「他不要這樣對我」，也沒有去想「我接納這個痛苦」，就是難過，完完全全難過。沒有任何想法，沒有任何要接納它或不接納它，只是跟它在一起。

這個狀態就是愛。

不再懷恨、贖罪、愧疚、卑微，不再索討、對抗，當我們認識自己的內在，自然就有愛。愛也只是一個代名詞而已，我們就是愛。

可以跟動作同在，就能跟痛苦同在

在面對大一點的問題或是深一點的障礙時，我們需要儲備足夠的能量。如果沒有經過學習，專注力不夠，深入的力道不夠，寬廣的力道也不夠，比如有很多衝突、很多念頭時，衝突和念頭的拉扯，會把我們帶往難過、傷心、生氣、憤怒，甚至想傷害人，我們的能量在這裡耗損，就沒有力量去面對真正的問題。

從日常的專注，注意手的動作、腳的動作，可以讓能量聚集起來。注意會讓我們產生「定」，「定」夠了，自然就有能力去面對問題，去面對自己的障礙。

漫步靜心

走路的時候，在腳著地時，要以中間稍微靠內側為基準，第一個點是後腳跟，第二個點是中間，第三個點是靠近腳趾頭的地方，按照一二三的順序踩下去。

每一次踩下去的時候，都要知道現在踩下去了。後腳提起來的時候，也要覺知後腳提起來了。抬起來的時候都可以覺知到，落下的時候也可以覺知到。

頭抬起來看正前方，腳每一次提起都覺知，放下也覺知。現在注意肩膀，把肩膀放鬆下來。持續覺知雙腳的提起與放下。

把肩膀放下來，把所有的事情放下來。注意每一個提起，一二三覺察了，放下了，一二三提起了，肩膀放鬆。

現在注意聽周圍的聲音，風的聲音，每一個提起都覺知，聽周圍的聲音，每一個提起都覺知，肩膀放下來，一二三提起了，一二三放下了，聽周圍的聲音。

肩膀放下來，聽周圍的聲音，風的聲音，樹葉在動的聲音，一二三覺知你放下了，注意你提起了，聽周圍的聲音，肩膀放鬆，注意腳步是不是很僵硬。

把肩膀放下來，注意每一個提起，每一個放下，肩膀放鬆，聽周圍的聲音，一二三覺知提起了，一二三注意放下了。

肩膀放鬆，注意身體哪裡有緊繃的地方，這個時候一樣覺知每個提起與放下，聽周圍的聲音，聽內心的聲音。聽內心出現的聲音，就如同聽風的聲音一樣，就如同覺知放下與提起的感覺一樣，聽……

肩膀放鬆，聽內心出現的聲音，聽風的聲音，聽葉子的聲音，聽內心的聲音，覺知提起與放下，覺知每一個提起與放下，這覺知就如同你的聽一樣，聽你的提起，聽你的放下。

把頭抬起來，抬頭挺胸，肩膀放鬆，聽周圍的聲音，聽提起的聲音，聽內心出現的聲音，聽……聽內心的聲音。

肩膀放鬆，好，在原地停下。感覺一下身體，感覺一下肩膀，輕輕動一動肩膀，注意一下剛才在走路的時候，有什麼感覺？注意一下剛才在走路的時候，生出什麼想法？

注意到我們是否干預我們的想法與感覺，我們只是注意著我們生出的念頭，如同我們的提起與放下。靜靜地跟自己在一起，安靜地跟生出的想法在一起，安靜地跟生出來的感覺在一起，就如同聽風的聲音，只是聽，就如同提起與放下，就只是注意。

不處在頭腦狀態的「聽」

什麼是聽？

我們從來沒有真正在聽。真正在聽的時候，時間會停止。這是什麼意思？假設我們現在聽雨的聲音，雨滴下來，我們沒有「它必須是什麼」，我們對雨沒有任何偏見，現在只有雨的聲音，沒有那個聽的人，在這種狀態下，時間會停止。

當我們能夠以這樣的狀態去聽，會產生一種敏銳、一種清晰、一種覺醒。因為一旦這個「我」——我們把「認為、必須」稱為「我」——出現的時候，就很熱鬧了。當我們純粹在聽，沒有這個聽的人，會產生一種注意的能力。

有了清晰、注意的能力，一旦「我」進來干預的時候，馬上就能覺察。這個立刻覺察的能力、能量，會把洞察力帶出來。洞察力不是從書裡學來的，不是學校教的，而是源於這種純粹、全然的聽。它出現的時候，我們才能解脫「我」，解脫頭腦的制約，解脫生活中的挑戰。只有在這種純粹、絕對的狀態裡面，才能夠認識到我們的制約，我們的心智活動。

隨便聽，任何的聲音，注意你怎麼聽，聽的時候生出什麼感受、什麼想法，只要去注意就好了，不用做什麼。能夠注意到這些生出的念頭是相當重要的，而且每一個念頭其實都是息息相關的。在這個注意裡面，會產生不同的氛圍、磁場能量，是跳脫「我」而出的一種洞察。

你在聽的那一刻，是什麼狀態？在聽的那一刻、注意的時候，憤怒是不是沒有了，悲傷沒有了，煩惱痛苦也沒有了？在那一刻，暫時停止，沒有出來，沒有運作，不是用憤怒在聽，不是用悲傷在聽，不是用頭腦在聽。

不處在頭腦狀態的「聽」，讓我們本自具足的能量能夠拓展開來，心會非常安定，感知更敏銳清楚，沒有干擾，非常純粹，是一種不知不覺的狀態……是另一個空間，另一個次元，或是另一個境界的能量，此時清理會自動發生，如果開口釋放的話力道又會更強。

既不逃避也不陷入

心思一旦跑掉，釋放就會中斷。為什麼心思會跑掉？因為覺得受不了，不行了。可能是生活裡面，有過不去的地方。就像靜坐時，有時候會覺得浮躁，「我不想靜坐，我想要脫離現在的靜坐」，遇到了瓶頸，第一個直覺是逃避。

所謂的「定」，不只是願力，還有很多因緣，並非單一因素。定的深入，代表著我們能不能跨越每一個瓶頸。因為每個瓶頸，需要提升的點、面、深度都不一樣。

「我以為已經坐了半小時、一小時，想要起身。我覺得是因為不舒服，或是因為腰痠背痛，不覺得那是因為我有念頭。」

對，我們往往以為是這樣，其實不然。這個狀況等同我們在關係裡面，遇到問題時的反應一樣，也許我們就決裂、離開或是生氣。我們遇到這個問題，如同能量遇到阻力，所以釋放、靜坐的時候會這樣，在關係裡面一定也是如此。因為這就是我們的模式，如果我們還沒有脫離、看清這一點，這個模式始終會跟著我們。

只有覺知，才能改變這個模式。

坐看雲起時

我們看雲的時候，為什麼覺得它很美？看自己的時候，為什麼不覺得美？

「因為我可以掌控自己，不能掌控雲。」

你可以掌控你自己嗎？你可以掌控自己要怎麼想、怎麼做嗎？你的心性、你的痛苦，你能夠掌控嗎？為什麼我們看自己的時候，有很多應該、很多抓取、很多認為？

「因為看自己主觀，看雲客觀。」

沒錯，看雲的時候，我們是在欣賞：「不論怎麼變化，都很美。」看自己的時候，我們的干涉就出現了：「不行，我一定要這樣、那樣！」我們能不能用看雲的態度，看自己的痛苦？這樣一來，我們的痛苦就像雲一樣那麼美了。

不僅是看雲，我們走路也是如此，我們做事也是如此。問題不在雲，不在它的變化，而是我們的態度。不去干預，不去掌控，看自己像看雲一樣開放，就會每天像雲一樣美。

CHAPTER 4

第4章

你可以不努力——日常生活中的釋放

釋放練習的準備

1. 為自己安排一個不受干擾的舒適空間，以及五十分鐘左右的時間。

2. 進行時可以逐句跟著念，或是預先錄音，或是請能夠專注與同理的朋友協助念出來，每一句大約間隔十秒到半分鐘。每說出一個釋放的句子之後停頓、放鬆並注意身心的反應，保持被動的注意，允許情緒的流動或哭泣，允許自己哭出聲音。

3. 每次釋放時，能量流動會隨每個人的狀態、感受，或多或少有些差異。如果對任何一個釋放句有特別強烈的反應，不妨多停留在這些反應上，留意出現的念頭或畫面，如果冒出鮮明或強烈的情感經驗，也可以先釋放這些經驗。不一定要每次都走完所有的釋放句子與過程，也可以出現什麼情緒就釋放什麼，一層一層深入與鬆開。

4. 釋放過程中，如果分心想到別的事情或是陷入過往的回憶，是很自然的情況，注意到了再繼續進行就好。

5. 平常習慣壓抑憤怒的人，開始釋放時可能會想大叫，允許自己叫出聲音或是跺腳、搥打枕頭。平常會說出不滿的人，釋放憤怒時不妨安靜地感受，允許怒氣背後的痛苦出現。

6. 過程中可能會打嗝、打呵欠甚至反胃或發抖、腦袋空白，這是因為原本凍結的能量開始流動，不需要太擔心。

7. 準備紙、筆，記錄釋放過程的發現。但是也別忘了：注意的品質，比發現的內容更重要。

跟身體連結的練習

在靜心練習時，當我們身體夠放鬆、心夠安靜的時候，會出現過去的一些記憶。這是非常美好的事，為的就是讓我們得到療癒。去面對它，不要抗拒。

我們曾經受過的傷害，也許是言語上的，也許是失落，也許是恐懼，也許是悲傷，如果從來沒有去面對這些痛苦，長時間下來，會累積、儲存在我們的身體，造成各種痠痛、疾病。現在，此時此刻，開始跟我們的身體在一起。

我們開始來注意它。

現在先跟身體說：「對不起，忽略了你。」

嘴巴對著胸口說：「對不起……對不起……現在我要跟你在一起。」

肩膀放鬆，「對不起……對不起……現在我要跟你在一起。」

肩膀放鬆，「對不起……現在我要跟你在一起。」

肩膀放鬆，把力氣放掉。

現在慢慢對著我們經常不舒服的地方，也許是腰，也許是背，對它說：「對不起……對不起……忽略了你。」

「對不起……忽略了你。現在我跟你在一起。現在我跟你在一起。」

帶著愛，跟它說：「現在我跟你在一起。」

帶著愛，跟它說：「現在我跟你在一起。」

肩膀放鬆，嘴巴對著胸口，帶著愛，跟它說：「現在我跟你在一起。」

現在，慢慢觀想我們經常不舒服的部位。我們的頭上有一道非常溫柔、非常亮的金色光，圍繞著我們，慢慢流過我們不舒服的部位，流向我們全身需要它的地方。

再一次觀想，我們的頭頂有一道非常柔和、非常亮麗的金色光，籠罩著我們，慢慢流向我們身體不舒服的部位，流向任何我們需要它的地方。

跟我們的身體說：「謝謝你。」

嘴巴對著胸口，跟它說：「謝謝你。謝謝你。」

聽的練習

輕鬆地坐著，注意我們的肩膀，注意我們的身體，挺直但是不用力，很放鬆，輕鬆地坐著，安靜地坐著。

注意我們的腳，是不是很緊繃，放鬆下來，把力氣放掉。注意我們的小腿，把力氣放下來。注意我們的膝蓋，注意我們的大腿，把力氣放下來。注意我們的骨盆。

再次把腳放鬆，把腿放鬆，把力氣放下來，跟它說謝謝你，跟它在一起，聽它告訴你，謝謝你帶著我走很長的路，謝謝你帶我到想去的地方，跟它在一起。

肩膀放鬆，把肩膀放下來，注意我們的手臂，把力氣放下來。注意我們的手指頭，把力氣放下來，肩膀放下來，把力氣放下來。跟它在一起，跟它說謝謝你。

安靜地坐著，聽心中出現的反應、出現的念頭。注意身體是否繃緊，放鬆下來，把身體放鬆下來，力氣放下來，聽心中出現的聲音，注意它。

沒有任何的應該，沒有任何的可以、不可以，只是聽，聽心中出現的聲音，聽心中出現的反應，沒有要如何，沒有不要如何，就只是聽。

任何念頭都不要放過地聽，聽心中出現的反應，這些反應就是我們受苦的根本，就是我們受苦的根源。

聽心中出現的聲音，我們的煩惱來自這些聲音，沒有任何選擇地聽，被動地聽，沒有任何目的地聽，不需要任何努力地聽，安靜地聽。

聽出現的聲音，聽聲音停止的聲音，聽聲音停止時的聲音。

認識努力

為了謀生，我們當然要努力工作。然而很多人為了得到認同、接納、優越感等等，在工作上不斷要求更多更好，那麼這已經不是單純的工作，而是填補內心的匱乏，這樣的填補就是造成壓力和挫折的根源。

努力的動機若是出於心理匱乏，想要索討認同，不論是否達到理想的標準，都會因為壓力過大而感到挫敗，努力反倒成為阻力。瞭解這一點，工作起來才會游刃有餘，更有效能，潛力也能自然發揮，甚至超乎預期。因為你所做的一切，你所反應的一切，已經不是根據你的痛苦了，而是你願意做，你想要做，你喜歡做。既然做的是我們喜歡的事，就不再有「一定要達到什麼成果，一定要爬上什麼位子」的壓迫感了。

我們要探討的是心理層面的努力。努力謀生沒有疑義，會讓我們困擾、受苦的是心理上的努力以及人際關係的糾結。

為了被認同而努力

小時候，為了被父母和老師稱讚，我們拚命念書。長大後，為了被朋友、被同事主管或是被另一半接納，我們拚命融入團體、拚命工作、拚命討好。這麼努力，目的是什麼？被認同、被接納的時候，我們有什麼感覺？被愛。考一百分被爸爸誇獎時，覺得被愛、有安全感，所以更加努力達成大人的期望。

內心深處的空虛，使我們無意識、無止盡尋求愛與安全感。

這種空虛讓人莫名感到害怕，為了填補，甚至經常出現沉迷工作、沉迷網路等成癮行為。如果能夠碰觸到它的根源，去認識它，甚至試著和空虛相處，就可以徹底從「努力」解脫出來。

很多人在學習靜心的時候，偶然碰觸到空虛這個點，可惜只停在頭腦階段，「我知道了，我內在有一個空虛」；即使有些人願意去面對，卻也跨不過去。因此，學習釋放的時候，如果釋放到空虛這個部分，請好好和它打交道。我們的肉體、我們的靈魂，會在這一刻跟空虛、害怕在一起，那麼我們很快就會自己跳脫出來。

釋放讓我們脫離自己的認為，脫離意識的層面，非常有意思，可以慢慢去體會：你的頭腦也許不懂，但你的心會懂。

因為內疚而努力

有一種努力是出於內疚，想要贖罪，在關係裡一味付出、一味犧牲。這個原因，有時是發生在我們自己身上的事件，也許我們都已經忘記了，可是我們的意識深層，會帶著這樣的一種能量，在關係裡面企圖找到一個平衡點。一方面覺得心安，一方面覺得痛苦，心裡充滿衝突。

「我也不想這樣……」「就是對他沒輒……」許多人會陷在這樣的一個模式裡，即使很累、很辛苦，還是很努力贖罪，沒有止盡，不知道為什麼，也不知道如何從這種狀態解脫出來。深入去探討內疚與贖罪，會出現什麼？害怕。或許是累世的，或許是小時候的，或許是家族的，我們會去承擔、承受家族裡面的障礙。所以，有可能是個人，有可能是家族，然而不論是誰的，已經到你身上就是你的，有時候就是會遇到這樣的頻率跟能量。這個時候，就需要釋放。

因為自卑而努力

覺得自己不夠好，比不上別人，只好不停驅迫、要求自己，但是最後往往充滿無力與挫折。我們在這個努力的過程中，累積了一些傷害，一定要釋放，讓挫折感慢慢鬆開，因為挫折的能量會把我們內心很多情緒推向肉體，漸漸侵蝕健康。

我們為什麼甘願受苦？想要得到愛、得到安全感、渴望被需要、提升自信心。但是，我們真的知道什麼是愛、歸屬感、自尊嗎？我們認識它們嗎？我們知道自己在「努力」什麼嗎？

我們每一種努力都帶有一種壓力，雖然會嘗到一些甜頭，可是也會很快就氣力放盡。人生是馬拉松，不是百米衝刺，適當分配速度與體力才跑得久、跑得遠。過度用力，會讓內心疲憊，心一旦開始疲憊，空虛與害怕就會加深，因為我們沒有力氣和能力去接觸它、看見它或是跟它交流了。

因為空虛、害怕，所以需要愛、需要安全感。只要空虛和害怕消失了，不用努力尋求認同，這個時候所做的一切才會自然自在。

努力助人？

有一種努力是「助人」，它是從我們的傷害裡面、限制裡面投射出來的，讓我們只能藉由助人，獲得成就感、力量感。問題在於：如果快樂的唯一來源是幫助他人，那麼，我們自己為什麼不快樂？

為什麼對方表達感謝，我就開心；對方沒有正面回應，我就生氣？快不快樂，難道不是只和自己有關嗎？

我們在釋放的時候，能不能看見自己的問題，或是讓能量流動，因人的「定」而定，也就是視每個人的內在狀態而定。每個人釋放出來的能量，各有不同的頻率，因此，能夠深入到什麼程度也不一定。

如果心比較能夠安定，我們就可以看到、可以接受、可以感覺。隨著能量的流動，我們很快就能洞悉：「原來我表面上是在幫助別人，實際上是自我滿足。」看見問題是出自於自己的時候，我們對別人的這些情緒就會自然地流動。

為了證悟而努力

有一些人為了追尋「空性」的狀態，努力地修行、證悟。但是，修行證悟是可以努力來的嗎？顯然不行。事實上，努力修行跟前面提到的尋求認同、內疚、自卑、助人，沒有什麼差別。如果證悟了，就會得到認同，得到尊敬，然後會有力量。這是什麼感覺？愉悅感。為什麼我們需要這種感覺？因為空虛。

因為我們不知道該怎麼面對空虛，所以不斷往相反的方向追求。如果我們能夠面對自己的障礙，生活肯定會變得不同，進而影響身邊受苦的人。為什麼我們會重複在同一個地方受苦？因為我們對自己不夠認識、不夠瞭解，因為無知。

對自己不清楚、不瞭解，不認識心性的根源，所以即使陷入痛苦的漩渦幾百萬次，我們還是會掉下去。開始學習認識自己，就可以開始清楚、開始解脫，然後影響身邊的每一個人。

釋放努力的練習

釋放最重要的一點是心安定，不論任何時候，都要能夠意識到你的心智、心性，注意到你生出的念頭，注意到你的動作。但是這種狀態不能強求，念頭出來的時候注意一下，不需要把它拉回來，就是知道、注意就好了。

聽周圍的聲音　肩膀放鬆

釋放努力的能量　肩膀放鬆

釋放努力的人　釋放努力的人

釋放辛苦奮鬥的人　釋放咬緊牙根奮鬥的人　釋放努力奮鬥的人

釋放忍辱奮鬥的人　釋放忍辱奮鬥的人　肩膀放鬆

釋放委屈努力的人　釋放委屈的人　釋放委屈的能量

釋放被否定的委屈能量　肩膀放鬆

釋放心痛的能量　釋放心碎的能量　釋放心痛的能量　釋放心碎的能量
釋放心痛的人　釋放心痛的人　釋放心痛的人
釋放挫敗的人　釋放失敗的人
釋放失敗的人　釋放挫敗的人　釋放挫敗的人
釋放挫敗感的能量　釋放失落的能量　釋放失落的人
肩膀放鬆　釋放失落的人　釋放失落的人
失落的人是誰？　失落的人是誰？
肩膀放鬆　釋放失去一切的人　釋放一無所有的人
釋放空虛的能量　釋放空虛的能量　注意心中生起的念頭
釋放空虛的能量　注意生起的念頭　釋放空虛的能量
跟這個能量在一起　跟空虛在一起
釋放空虛的能量　釋放空虛的能量　注意生起的念頭
釋放空虛的能量　釋放空虛的人　釋放右心房的負面能量

釋放右心房的空虛能量

注意生起的念頭

空虛的人是誰？　釋放頭痛的能量　釋放空虛的人　空虛的人是誰？

注意生起的念頭

當我們說「空虛的人是誰？」的時候，只需要靜靜地等待，能量自然會出現。

也許是以前曾經發生的事情、曾經有過的傷害，已經被我們遺忘的能量，這麼一問，就會自然地出現。但是不要用想的，不要去猜那是什麼，只要把這個問題丟出來，能量自然會出現。

我們的心若是敞開，這個藏在意識深層的能量，會慢慢地出來，慢慢地流動。我們抱持認識的心、認識的態度跟它在一起，它就會療癒自己。

問到「是誰？」的時候，我們只需要靜靜等待，心中不要對「它是什麼」存有任何的預設，可能是我們遺忘的、意想不到的、曾經發生過的，只需要靜靜地等待就可以了。

釋放空虛的能量　釋放空虛的人　空虛的人是誰？　空虛失落的人是誰？
釋放被丟下的人　釋放被丟下的能量　注意生起的念頭
釋放空虛的能量　釋放空虛的人　注意生起的念頭
釋放空虛的能量　空虛的人是誰？

探究是把問題帶出來，然後靜靜地等候它出現。

空虛的人是誰？　注意生起的念頭　空虛的人是誰？　注意生起的念頭
注意聽周圍的聲音

注意聽我們內心的念頭，注意我們是怎麼在聽、怎麼在注意的；聽的時候，是不是有很多的認為、很多的聲音、很多的想法？

聽周圍的聲音。

聽的時候，我們內心有什麼反應？

聽內心的聲音時，如同聽外面的聲音一樣。是這些想法讓我們不自由，是這些認為讓我們不輕鬆。我們能不能注意到，能不能看到，我們用什麼態度在看待自己，在看待外面的一切。

我們能不能意識到，我們看待一切的態度，就是開始受苦的起源。

聽外面的聲音，我們怎麼聽的？

注意內心生起的念頭，我們是不是覺得「應該如何，不該如何，別人該如何，別人不該如何」？

內心出現這些聲音的時候，我能不能覺知到。

聽外面的聲音。聽生起的念頭。

我們能不能不落入努力和不努力的衝突矛盾之中？我們能不能擁有完全不同的

生活？事實上，愛無所不在，只因我們心中太多煩惱障礙，導致我們看不到愛。我們其實在乎的不是愛，那不能稱為愛。

我們真的瞭解、在乎什麼是愛嗎？為什麼我們總是索求、索討愛，卻不明白愛是什麼？我們是如此匱乏與空虛，我們的內心是如此的空洞。為什麼我們的內心無法滿足？為什麼我們的內在會有這麼多空洞，不斷向外界索討、索求。

我們害怕失去很多，想要得到很多。我們期望別人給予同情，期望別人給予愛，我們不向自己的內心學習，希望從外面得到我們想要的，這就是為何我們會空虛，因為我們的內心什麼都沒有。

我們內心的愛生不出來，所以我們越來越空虛。我們總是陷在頭腦心智的運作，這些運作耗損了我們的能量。看見問題根源，跳脫這個迴圈。

認識憤怒

憤怒並不只是「我很生氣」，有時候會傷害自己、傷害他人，或是在關係裡面跟對方過不去。憤怒會以非常多種方式、面貌呈現。

有的人憤怒時，就是不想讓自己好過；有的人跟另一半吵架，就是用耍賴的招數；有的人因為一直壓抑憤怒，所以呈現出來的是自己很委屈。不論什麼方式，探討到最後，其實都是憤怒。

如果我們無法看見自己的障礙，就會一直陷在這個障礙裡面。

憤怒為什麼一直延續

為什麼憤怒會一直延續、一直存在？是什麼在支持著它？如果我們始終沒有找出根源，憤怒就會以各種形式存在我們的生命中。

憤怒之所以持續，最重要原因是「念頭」。

當我們讓憤怒呈現出來的時候，要去注意自己出現什麼樣的想法、什麼樣的念頭，就是這些想法跟念頭在支持著我們的憤怒。唯有看到這些念頭，憤怒才會瓦解。

憤怒有許多不同的表現，有時候我們可能會講出來，有時候可能壓抑在心裡，不論有講出來或沒講出來，內在那股力量都會讓憤怒延續，長期累積下來，就形成怨恨。怨恨就是這些憤怒的累積。

我們一定要清楚自己憤怒的模式：我們為什麼生氣？如何表現生氣？我們一定要去覺知，看見這個特定模式背後的念頭。

心安定的重要

憤怒、怨恨的念頭出來的時候，怎麼辦？答案是跟它們「同在」。問題在於我們很容易被念頭帶走，帶走之後，我們自身就會變成那個憤怒。這種時候，安定很重要，看到、注意到「我陷進去了」，這一刻很重要。

以前我們會想方設法讓憤怒的感覺消失，或是告訴自己不可以這樣，極力壓抑。這麼做會讓我們的憤怒一直累積，最後形成一顆大炸彈。就是這種錯誤對待憤怒的方式，才讓憤怒一直存在。

什麼都不要做，只要觀察它就好了，要非常仔細地觀察每一個念頭。如果可以看到憤怒背後的念頭，憤怒就會自然而然消融。

看著不允許與理所當然

如果出現「不允許自己憤怒」的聲音呢?這個時候就要跟這個不允許同在，去感覺這個不允許，不要被它拉下去。

同在就是和不允許在一起，繼續在一起，繼續深入下去。當我們的定力、能量不夠的時候，會立刻被它拉下去，依然在這個業力裡面打轉。

如果出現「我覺得努力付出，就應該得到什麼」的念頭呢？這個時候就要去釋放這個念頭，藉此認識自己。繼續往這個理所當然裡面去看，會看到自己的生命就是一個交易。交易成功，你高興；失敗，你就憤怒。

看見憤怒背後的真相

通常，憤怒的人會停留在某個點，無法繼續下去。因為憤怒之下有傷害，就像被砍了一刀，很痛，這個痛一直在我們身上、在靈性上、在靈魂上、在意識深層。

所以，我們要把所有能量放在這個地方，處於一個全然的定、接受和傾聽的狀態，跟它在一起，讓它向你訴苦，讓它把心中的委屈、痛苦全部都告訴你。接著你就會看見：原來都是自己的問題。因為對別人有理所當然的想法：「我幫助你，你應該感激我、應該接納我、應該認同我。」一旦沒有符合預期，就變成憤怒。

你會看見什麼？有所求，就是交易。你幫助別人，對方沒有看到、沒有認同，於是你失望，並且產生了憤怒。藉由釋放，你會看見問題在哪裡。你會看到問題不是別人造成的，而是你自己。

憤怒是因為不被愛

假設有個母親，好的東西只給兒子，不給女兒。這個女兒會有什麼反應？不公平、憤怒。為什麼母親不公平，會讓女兒憤怒？因為覺得不被愛。

但是，我們在憤怒的那一刻，有覺察到是因為不被愛嗎？通常沒有。為什麼？那一刻，我們只是憤怒，沒有察覺到「不被愛、不被接受、不被重視」的感受，為什麼呢？因為我們不知道自己需要被愛。那麼，為什麼不被愛、不被接受、不被重視時，我們要用憤怒來表現？

事實上，那是一種防禦機制，對抗各種不被愛、不被接受、不被重視的事，並且藉此被看見。這個憤怒是為了對抗，抗議自己所遭受的不公平。此外，憤怒是為了合理化「我應該被愛」，因為得不到愛，所以感到怨恨。

那麼，我們能不能馬上覺知到這個反應？如果可以停留在這個反應，後面的一連串運作都會停止，此時「愛」就會立刻出現。這個「愛」已經超越了「心智模式」，和心智活動完全沒有關聯。

當你今天可以學習，在反應出現時有所轉化，你的愛就會出現，這個能量是非常巨大的，所有的關係包括父母親、家族、配偶、孩子……都會受到影響。因為這個愛不是嘴上說說的，而是經過痛苦的轉化所呈現出來的。這種狀態，不是我們的心智能夠去揣測、去衡量的。只有出現這種狀態，我們的家人，我們的關係，所有的一切，才有可能真正融合、和諧。

在這之前，我們所做的一切努力只不過是掃除煩惱的落葉。唯有這個「愛」出現的時候，才能將痛苦的根全然地、徹底地拔除。

拒絕憤怒等於拒絕愛

憤怒讓人覺得很痛苦，所以我們會逃避這種負面的感覺。然而，把憤怒丟掉，等於把愛丟掉。如果我們不承認它、不接納它，等於是不接納愛、不承認愛。

我們一直重複在受苦，就是因為我們一直想要消滅它，不承認它。憤怒和愛一體兩面，一味想要丟棄痛苦，就會把愛也丟掉，變得更痛苦。所以，當你有煩惱、痛苦的時候，你的態度會決定你往後的生命。

我年輕的時候，心裡有很多憤怒，不論用什麼方法，這些憤怒一直存在。直到開始學習靜心，我感受到這些憤怒的流動，摸透每一個念頭，和它們一一交手，內在才終於有了真正的愛、平靜。如果我不曾經歷這段學習的過程，就永遠無法體會到前所未有的平靜與自由。

如同鑽石要經過一番琢磨，只有接受、面對自己的憤怒，痛苦才會變成愛。

被理解的憤怒會像雲一樣散開

注意現在的感覺，注意我們每一個當下的感覺，當我們能夠真正注意到它，不逃避它，感覺就會產生變化。如果我們可以理解憤怒，跟它在一起，那麼，這個憤怒的能量就會像雲一樣，慢慢地散開。

因為我們不瞭解，所以一直帶著這個能量，以至於影響著我們的身體和心理。在我們的生命中，很多的受苦都是這樣。雖然我們試著找尋出路，但是不論怎麼找，問題一樣存在，最終只會感到挫折。因為我們沒有真正去瞭解自己的問題，而是為它取了一個名字，就不負責任地走開了。願意認真去看待自己的問題，障礙才會一個一個鬆開，真正地、究竟地鬆開。

釋放憤怒的練習

現在釋放任脈的負面能量　現在釋放任脈的負面能量

現在釋放膝蓋的負面能量　現在釋放膝關節的負面能量

現在釋放任脈的負面能量　現在釋放督脈的負面能量

肩膀放鬆，慢慢地吸，慢慢地吐

慢慢地吸，慢慢地吐

現在釋放督脈的負面能量　現在釋放督脈的負面能量

肩膀放鬆　現在釋放督脈的負面能量　慢慢地吸，慢慢地吐

現在釋放憤怒的能量

現在釋放憤怒的能量　慢慢地吸，慢慢地吐

現在釋放憤怒的能量　現在釋放憤怒的能量　慢慢地吸，慢慢地吐

當我們對一件事情有期望的時候，如果那件事情不按照期望發生，我們就會覺得失望，我們就會覺得生氣。當我們希望得到讚美，希望得到認同，希望得到接納，如果沒有如預期發生，我們就會感到失望。

現在釋放失望的能量　現在釋放失望的能量

慢慢地吸，慢慢地吐　現在釋放失望的能量　現在釋放失望的能量

如果這些期望的事情遲遲不發生，我們最後就會覺得絕望。

現在釋放絕望的能量　現在釋放絕望的能量

肩膀放鬆，慢慢地吸　現在釋放絕望的能量　現在釋放絕望的能量

膝蓋微彎，慢慢地吸，慢慢地吐　現在釋放絕望的能量　現在釋放絕望的能量

這段過程非常痛苦，做了非常多的事情、非常多的努力，最後卻覺得絕望。這會讓我們感到挫折。

慢慢地吸，慢慢地吐　現在釋放挫折的能量
現在釋放挫折的能量　現在釋放挫折的能量
慢慢地吸，慢慢地吐　現在釋放挫折的能量
現在釋放肝膽的負面能量　現在釋放肝膽的負面能量
慢慢地吸，慢慢地吐　現在釋放肝膽的負面能量
慢慢地吸，慢慢地吐　現在釋放無力感的能量
現在釋放無力的能量　肩膀放鬆　現在釋放無力的能量

當我們憤怒到極點的時候，有時會產生想要傷害別人的衝動。這個傷害也許是言語上的，也許是肉體上的。想要傷害別人，是因為憤怒裡面帶著一種忌妒的能量，

一種忌妒的感覺。

現在釋放忌妒的能量　現在釋放忌妒的能量

這個能量有時會傷害別人，有時會傷害我們自己。它會讓我們不想要健康、不想要快樂，這個傷害在我們內心深處，只要去注意，就會發現我們的憤怒裡面帶著忌妒的能量。這個忌妒的能量會傷害我們自己，也會傷害別人、傷害關係。

現在釋放忌妒的能量　肩膀放鬆　現在釋放忌妒的能量

慢慢地吸，慢慢地吐　現在釋放忌妒的能量

憤怒之所以一直延續，最大因素就是我們會讓憤怒合理化，或者對自己的生氣有很多的解釋。

現在釋放忌妒的能量　現在釋放忌妒的能量

當我們的憤怒累積到一個程度，就會變成怨恨、埋怨。這個怨恨的能量，對我們的靈魂有非常大的傷害，而且它會持續很久。

現在釋放怨恨的能量　慢慢地吸，慢慢地吐
現在釋放怨恨的能量　肩膀放鬆　現在釋放怨恨的能量
現在釋放怨恨的能量　現在釋放怨恨的能量

這些能量會停留在我們身體的任何地方，也許是內臟、也許是腦部、也許是關節，現在釋放體內的負面能量。

現在釋放肝膽的負面能量　現在釋放脾胰的負面能量　現在釋放憤怒的能量

現在，觀想我們的頭上有一道光，是一道金色的光，這一道光在上方籠罩著我們。這道光裡充滿了愛，充滿愛的能量，這道光慢慢地包圍我們。

慢慢地吸，慢慢地吐。現在，慢慢地把這道光從我們的百會（頭頂）吸進來，再慢慢地從我們的長強（尾骨）吐出去。

慢慢地吸，讓這一道金色的光，穿過我們的身體。慢慢地吸，從百會吸進來，經過我們的身體，從長強出去，在我們四周圍繞著。

慢慢地吸，慢慢地吐。慢慢地吸，慢慢地吐。直到我們的身體充滿著愛，充滿著金色的光。

認識期望

當你抱持「別人應該怎麼對我」的心態，除了是對別人的要求，同時也是對自己的驅迫，因為你也會規定自己要做到什麼程度。

如此一來，關係勢必會變得很緊繃，每次發生狀況，你都會這樣解讀：「他應該要這樣對待我、應該要這樣幫我。」他沒有這麼做，你會很生氣；即使他幫忙，你也會很生氣，因為你會覺得對方做得不夠，無法令你滿意。當你有這個心態，不論對方怎麼做，你都不可能感到滿意。

反觀期望的源頭

我們的期望是從痛苦出發的。由於曾經受過苦，曾經受過傷，或是曾經快樂過，所以不要這個痛苦，要重複這個快樂，所以產生了期望。既然期望是因痛苦而來，硬是將它放在我們所愛的人身上，結果可想而知：我們的期望非但沒有達成，反而造成彼此關係的衝突，帶來更多痛苦。

那麼，只要不抱期望就可以了吧？然而，這是不可能靠意志力做到的，我們無法控制自己不抱期望。既然如此，是不是應該仔細檢視我們的痛苦？但是痛苦很大、很多，要從何著手？我們產生一個期望的時候，如何知道它背後的痛苦是什麼？

唯一的方法是安靜下來，對自己誠實，對這個期望誠實。坦承自己有期望，才能夠繼續下去，如果不承認就完全停止了。承認是知道與探究的開端。

也許痛苦是因為曾經被嘲笑、被瞧不起，這個痛苦讓我驅迫自己把期望放在孩子、配偶、家人身上。那麼接下來怎麼辦？釋放被嘲笑的痛苦。

在釋放的過程中，除了被嘲笑的痛苦，還有更多感覺會一一出現。如果我們沒有看見自己的痛苦和期望，沒有釋放每一個細節、每一條線索，我們肯定會重複這個痛苦。保持注意、覺察、清楚，直到真正瞭解自己的痛苦，期望才會自然瓦解。

釋放期望的練習

現在我們開始來釋放：

釋放期望的能量　釋放期望的能量　肩膀放鬆

現在與期望的感覺同在

釋放期望的能量　肩膀放鬆

釋放期望的能量　肩膀放鬆

現在與我們的期望同在

釋放期望的能量　釋放期望的能量　肩膀放鬆

當我們對所愛的人抱有期望，如果事情沒有按照期望發生，這時候我們就會感到非常失望。

釋放失望的能量　肩膀放鬆　釋放失望的能量

失望的時候，我們會有一種不被看見、不被瞭解的感受，有一種不被明白、不被瞭解的苦。

釋放失望的能量　肩膀放鬆

失望的時候，會覺得我們的付出被所愛的人拒絕。

釋放失望的能量　肩膀放鬆

失望的時候，會覺得我們的苦心沒有被看見。

釋放失望的能量　釋放期望的能量　肩膀放鬆

對方不接受我們的期望時，我們覺得失望。接下來，我們會開始擔心對方會不會出什麼狀況。

釋放擔心的能量　釋放擔心的能量　釋放擔心的能量

因為擔心，我們產生了巨大的壓力。

釋放擔心的壓力　釋放壓力的能量　肩膀放鬆
釋放壓力的能量　釋放心臟的壓迫感　肩膀放鬆
釋放心臟的壓迫感　肩膀放鬆

因為擔心，接下來就會變得焦慮。這個時候，我們會有一種非常無助的感覺，不知如何是好。

釋放焦慮的能量　釋放焦慮的能量　肩膀放鬆

因為不知道如何是好，產生了無助感。

釋放無助的能量　釋放無助的能量
釋放無依靠的感覺　釋放無依靠的能量　肩膀放鬆
釋放無依靠的孤單　肩膀放鬆
釋放沒有歸屬感的能量　肩膀放鬆
釋放沒有歸屬感的失落　肩膀放鬆
釋放沒有歸屬感的孤單　肩膀放鬆

釋放沒有歸屬感的害怕　肩膀放鬆

釋放沒有歸屬感的孤單　釋放脾胃的負面能量

這些能量，停留在我們的腹腔。

釋放脾胃的負面能量　釋放子宮的負面能量

釋放子宮的負面能量　釋放脾胃的負面能量

釋放脾臟的負面能量　釋放胰臟的負面能量　肩膀放鬆

現在觀想我們的頭頂上，有一道金色的光。這道金色的光，充滿了愛的能量，充滿了愛的溫暖。

現在輕輕地呼吸，慢慢地把這一道光，輕輕地吸進來，從百會（頭頂）吸進來。

慢慢地吸，慢慢地吸。透過我們的任脈，轉到督脈。

再一次。慢慢地，把這一道金色、充滿愛的光，慢慢地從百會吸進來，經過我們的任脈，到督脈。

再一次。慢慢地，把這一道金色的光，從百會吸進來。慢慢地吸，經過任脈，流到督脈。

這一道金色的光，經過我的身體，從百會向外伸展出去。

這一道金色的光，經過我的百會，向外伸展出去。

這一道金色的光，向外伸展出去。

現在，把這一道金色的光，送給所愛的人。

現在觀想我們所愛的人，前方這一道金色的光，充滿著他。在他的頭上，慢慢地，籠罩著他的身體。從他的頭，慢慢地，到他的腳。

再一次，把金色的光，送給我們所愛的人。觀想我們所愛的人，在我們前方。

把這一道金色的光，送給他。

釋放糾結的練習

如果我們的認識、我們的探究、我們的洞察無法觸及心靈層面，我們的障礙是不會鬆動的。只停留在心智層面，受苦就會一直重複，問題永遠解決不完，就像掃不完的落葉一樣。

抵達心靈層面，就是進入意識深層、靈魂深處。心靈的淨化，最重要的部分是清理。清理的首要就是釋放。

對於曾經傷害過我們的人，我們不但很難放下，而且這股怨恨或糾結有時候是無意識的，需要很深入的學習，才能去面對、去看見。心靈必須淨化，否則這股糾結的能量會跟隨著你，生生世世影響著你的靈魂。生命的遭遇，問題的遭遇，學習的遭遇，都會困在同一處循環、打轉、輪迴。

由此可知，這個釋放對我們的生命、對我們的靈魂有多重要。

肩膀放鬆　慢慢地吸，慢慢地吐
現在釋放曾經傷害過我的人　釋放我們之間的糾葛
嘴巴對著胸口　現在釋放這份糾結的能量
現在釋放「曾經傷害過我的人」的能量　現在釋放這份糾結的能量

當我們說到「曾經傷害過我們的人」的時候，心裡如果想到了某個人，就把他的名字加上去：「釋放我跟某某某之間這份糾結的能量。」

現在釋放曾經傷害過我的人　釋放這份糾結的能量
現在釋放跟他之間的糾葛　現在釋放這份糾葛的能量
現在釋放「曾經傷害過我的人」的能量

如果想起對方的名字或臉孔，把他的名字加進去。

現在釋放這份糾結的能量　現在我釋放這份糾結的能量

現在觀想我們的頭頂有一道金色的光，把這道金色的光送給剛才念過名字的人，慢慢地傳送給他。

接著，把這道金色的光傳送給我們所愛的人。這一道金色的光是愛、是平靜、是接受。把這道金色的光送給我們所愛的人。

現在把這道金色的光，傳送給世界上的每一個人。

把這道金色的光，送給每個人。

認識愧疚

如果心懷愧疚，生活裡的很多層面都會受它影響而不自知，因為它在比較深層的意識裡面運作。

我們可能把小孩照顧得很好，無微不至，怕他這樣那樣，這是愧疚感運作的一種方式。我們可能看到團體裡面有人需要幫助，就不計後果地跳出來，這也是愧疚感運作的一種方式。我們可能會一肩擔起家族裡的大小事，變成一個濫好人，這也是愧疚感運作的方式。愧疚時時在我們的生活中運作，處處都有它的痕跡。

我們必須透過釋放去瞭解，讓我

們的心性去看見，才有辦法跳脫出來。一定要自己去看，自己去覺察。

注意愧疚的運作

當你開始覺察的時候，從任何一個日常事件，都可以看到自己的障礙。只要能看見障礙，你的心性、你的覺性會開始變得敏銳，而且越注意就越敏銳。到了最後，一看見它，就會很自然地形成一種釋放，一層又一層，越來越大，越來越深。過程中，什麼都不用去想，只要去注意就可以了。注意自己的行為、想法，從這個點就會拉到那條線，然後會拉成一個面。只要能夠觸及每個層面，就會充滿喜悅、充滿愛地活著。

這不是盡頭，充滿喜悅、充滿愛地活著還不是盡頭。時時都要注意當下的心念，注意當下的念頭，不要對當下的念頭說「不可以這樣」或「我應該那樣」。社會教了我們很多的應該，這些應該會讓我們內心產生衝突，「我應該這樣，可是我很不想要這樣，但是我應該……」

每當生起一個念頭，都要去注意。如果一直告訴自己該怎麼做，你的心會變得很僵硬，很遲鈍。心一遲鈍，完全沒有覺性，就會變成只依靠頭腦，如此便失去了解脫的可能性。

淌血的愛

「我發現自己會帶著愧疚，用很委屈、很受苦、很配合的方式，讓家人感到愧疚、不捨，這樣就會來憐惜我。但是，如果家人感受不到我的辛苦，反而躲得更遠，我就會很生氣！」

沒有一個人不會躲。為什麼？因為這個愛太沉重了！如果有一個人拿刀自殘，一直淌血，邊笑邊哭地說：「我把愛給你。」誰不會想逃呢？沒有人可以承受這種淌血的愛，沒有人喜歡看到別人受苦。

如果孩子是出於愧疚才關心媽媽，她不會真的開心。如果先生是出於愧疚才感謝太太，她也不會真正快樂。如果關心和感謝不是單純發自內心，只是基於安撫、應付、交代，就沒有意義。倘若連一句關心和感謝都沒有，當然就更生氣了。

所以，我們必須回到自身，鬆開我們的愧疚，這樣我們才會自然地付出。付出得自然，就不會再埋怨「我做這麼多，你都看不到、沒有回應」了。

沒有任何索討動機的付出，是非常難以企及的境界。或許只有母親在生下孩子的那一刻，才是這種狀態吧。不論如何，我們在受苦時，一定很不舒服，可是仍然必須注意到自己——也就是在受苦的那個人。第一步先去注意自己的內在動機。如果一直陷在「別人怎麼沒有看到？」的念頭裡，註定還要受很多苦。

往自己看，瞭解自己的障礙，才會慢慢鬆開，往正確的方向前進。

贖再多罪，也不會被感激

贖罪是頭腦製造出來讓自己受苦的認為，並非真相，當我們陷在這個痛苦裡，就會把錯誤當成真實，影響我們的關係。

待人處事如果抱著贖罪的心態，即使做得再多、再累，也絕對不會被認同，因為別人感受到的不是幫忙，而是贖罪。因為別人無法感受到你的愛，所以你付出再多，贖再多罪，對方也不會感激。這樣的你，累積了滿腹心酸，只要一釋放，一定會哭得很傷心。

讓贖罪的能量釋放，讓痛苦的能量流動，讓委屈的情緒消融，讓自己和對方建立起對等互惠的健康關係。

愧疚是為了想得到

愧疚有其目的，表面上獲得同情，實際上是要得到歸屬、安全感。為什麼我們會有愧疚感呢？它來自社會文化的制約，是社會群體的認同模式，「我應該這樣，但是我卻那樣，所以覺得愧疚。」

可見它也是頭腦的一部分，唯有符合社會的制約、認同，才會被其他人、被這個社會接納，我們才有歸屬感。反過來說，因為害怕自己不被接納，害怕沒有歸屬感，所以我們有愧疚感。

舉例來說，孩子應該孝順父母，媳婦應該侍奉公婆，下屬應該服從上司，有能力的人應該幫助沒有能力的人……都是社會的認同，如果我們的言行不符合這些應該，就會產生愧疚感。每個群體都有一套行為準則，假若我們未達標準，或多或少都會覺得愧疚；如果一切合乎標準，獲得他人的認同、社會的接納，我們才會覺得自己是「其中的一份子」。

愧疚是因為需要歸屬，需要安全感。如果我們沒有從中跳脫出來，一切努力、修行都只是在原地打轉。事實上，有沒有達到標準，是自己的意識，是人們集體的意識。人的頭腦有太多應該和認為，去注意、去覺察、去瞭解，不要陷在慣性的思考模式裡面。

釋放愧疚的練習

過程中，會有愧疚和自責，接著會覺得需要贖罪跟自我犧牲，會有罪惡感，無法原諒自己，接下來則是憤怒和怨恨。

這個過程只是一個大方向，有可能我們會出現其他的障礙，或是以前曾經發生的事件。如果出現，我們就跟這個畫面在一起，不要有任何既定的目標，允許任何障礙、任何感覺或畫面出來，並且稍作停留。這個安住，就是一個很大的能量。

一層一層深入，不帶預設立場，例如：「這個不是我，我怎麼可能這樣？我不要這樣，我不同意。」無論出現任何痛苦、情緒，不要抗拒，跟它在一起。當我們探究到源頭，就會看到我們原來的樣子，獲得難以想像的清理與療癒。

現在釋放眼耳鼻舌身意的負面能量　現在釋放眼耳鼻舌身意的負面能量

現在釋放任脈的負面能量　現在釋放督脈的負面能量

現在釋放焦慮的能量　現在釋放愧疚的能量　現在釋放愧疚的能量
現在釋放無法原諒自己的能量　現在釋放不能原諒自己的能量
現在釋放無法原諒自己的能量　現在釋放無法原諒自己的能量
現在釋放懲罰自己的能量　現在釋放折磨自己的能量

跟自己同在，請帶著覺知注意它。

懲罰自己的人是誰？　是誰要懲罰自己？
現在釋放罪惡感的能量　現在釋放自我犧牲的能量
現在釋放罪惡感的能量　有罪惡感的人是誰？　懲罰自己的人是誰？
現在釋放懲罰自己的能量　懲罰自己的人是誰？
現在釋放我不能好起來的能量　現在釋放我不能快樂的能量
現在釋放不可以快樂的能量

愧疚的人是誰？ 愧疚從哪裡而生？ 愧疚的人是誰？

當我們可以看到真相的時候，我們就解脫了。

愧疚的人是誰？ 愧疚的人是誰？

慢慢地吸，慢慢地吐。慢慢地吸，慢慢地吐。現在慢慢地從百會吸進來，繞過我們的任脈，從督脈出去，從長強（尾骨）出去。慢慢地吸，慢慢地吐。

愧疚的人是誰？ 愧疚的人是誰？

慢慢地從百會吸進來，慢慢地吸，慢慢地吐。從頭頂慢慢地吸，經過我們的脊椎，從尾骨出去。

慢慢地吸，慢慢地吐　肩膀放鬆

愧疚的人是誰？　不能原諒自己的人是誰？

肩膀放鬆，慢慢地吸，從尾骨出去。現在觀想我們的頭頂有一道金光，慢慢地把這道光從百會吸進來。這是一道金色的光，充滿愛的能量。

慢慢地吸，經過我們的身體，從尾骨出去。慢慢地吸，從百會慢慢地、輕輕地把這道光吸進來，經過我們的身體，從尾骨、長強出去。

再一次，輕輕地從百會進來，經過我們的身體，從長強慢慢地出去。

現在這道光在我們的頭上，在我們的周圍，慢慢地籠罩我們全身。

現在慢慢地把這一道光送給愧疚的人。把這道光送給愧疚的人。再次把這一道光送給愧疚的人。

慢慢地吸，慢慢地吐。

認識認同

我們很少會意識到自己在尋求別人的認同，但實際上，在日常生活中，在人際關係裡，它一直在運作，並且深深影響了我們跟他人之間的關係。

認同的根源就是自我護衛、保護。不妨觀察一下，我們跟周圍的人是不是都在這個模式裡？那麼，我們在保護什麼呢？

我們在保護的，是形象、孤單、價值、自尊、恐懼、生存、安全、困惑……這些都是意念，都是頭腦，都是根據我們的文化、教育、經驗、記憶而來的。我們不知不覺陷入這個虛幻的模式裡，重複受苦。

我們必須時時去注意到自己的意念。當我們的頭腦製造衝突、障礙、問題時，當念頭出現時，只要我們有注意到，它馬上會停止。

注意認同如何運作

我們的頭腦與意念在生活中是如何運作的呢？我們在什麼樣的情況下，會尋求認同？我們為了得到認同，會做些什麼？

首先是照顧別人或幫助別人。如果我們是為了被認同卻不自知，那麼幫到最後的結果通常是挫折與生氣。所以，認識自己非常重要。若是欠缺自覺，不知道自己渴望得到、渴望被看見、渴望被接納，往往會以高人一等的姿態、自以為是的方式去做事，完全無視對方是否真的需要幫忙。

再來則是達到理想。為什麼想要達到理想？是不是先認定自己卑微、不夠好，所以必須「變好」？我們想要達到一個理想，動機經常來自於自己已經先下了一個結論：我不好；只要達成理想，我就不卑微，就會被看見。

光是為了「達到理想」，就會讓我們幾十年都陷在這個狀態，因為目標和理想會不停改變，不停地更大、更好，以致我們始終處於「不夠好」的感覺之中，始終覺得不被認同，因而始終不快樂。

還有一種是符合別人的期望。這種認同稱為「自我犧牲」。配合別人，委屈自己，當個乖孩子。一旦忍耐到了極限，就會變得叛逆，「我受不了，我翻臉了，我不管了，豁出去了！」但是過了不多久，又會回到自我犧牲的模式，如此反覆循環。

二元對立的頭腦模式

當我們感到恐懼的時候，頭腦就會創造很多念頭出來，如果沒有學會直接去看、去面對，就會不停地製造問題，重複受苦。

為什麼我們總是任由意念把自己帶往痛苦、委屈的方向？因為我們始終不去面對問題的真正根源。假設我們今天學會了面對恐懼，那麼，因恐懼而發展出來的一切，也會隨之停止。瞭解它，生命才有可能不一樣。不是要去改變什麼，不是要去創造什麼，不是要去努力什麼。

意念在生活中每運作一次，就會製造出一個對立。舉例來說，我們渴望被看見、被接納，所以為對方做了很多事，結果對方不但沒有看到，甚至罵我們、拒絕我們，說我們做得不夠好，於是我們覺得非常生氣、挫折、憤怒。最初是「渴望被看見」，卻出現了各種對立面。只是想要被認同，卻製造出一百個問題，而且永無止盡。

認同從來不會發生

為什麼說，認同其實就是自我保護？

因為被認同以後，就有歸屬；有了歸屬，就有安全。頭腦告訴我們：認同感等於安全感，等於存在感、避風港，等於幸福。所以我們拚命尋求認同，以為只要夠努力就會被接納，就會被喜歡，就會被愛，從此就快樂了！

我們頭腦誤認為是這樣，然而真相並非如此。認同永遠不會發生，也不會發生。即使我們因為做了什麼事被稱讚，覺得自己受到認同，但也許五秒、十秒或是一天過去，它就消逝無蹤。執著於抓住虛幻，當然會受苦！

釋放認同的練習

這個能量非常深層，有時甚至是累世的，所以任何感覺出現的時候，盡量放輕鬆讓它流動。

釋放了認同之後，我們的能量、我們的時間會多出許多，因為不需要再耗費時間精力在這個惡性循環裡了。

肩膀放鬆　現在釋放認同的能量　現在釋放被認同的能量

肩膀放鬆　現在釋放需要被認同的能量　現在釋放自我保護的能量

現在釋放尋求保護的能量　現在釋放自我保護的能量

現在釋放腹腔的負面能量　現在釋放自我保護的能量

現在釋放渴望被接納的能量

肩膀放鬆　現在釋放渴望被接納的能量　現在釋放渴望被看見的能量

肩膀放鬆　現在釋放渴望被愛的能量　現在釋放渴望接納的能量

肩膀放鬆　現在釋放心臟的悲傷　現在釋放悲傷的能量

肩膀放鬆　現在釋放悲傷的能量

現在釋放心臟的壓力　現在釋放心臟的委屈感　現在釋放委屈的能量

現在釋放犧牲自己的委屈感　現在釋放配合別人的委屈感

現在釋放委屈的能量　現在釋放不被接納的委屈感

肩膀放鬆　現在釋放不被看見的委屈感　現在釋放委屈的能量

現在釋放卑微的能量　現在釋放感覺自己卑微的能量

現在釋放覺得自己不好、卑微的能量　現在釋放覺得自己不足的能量

現在釋放感到卑微的能量

現在釋放被鄙視的能量　現在釋放被鄙視的能量

肩膀放鬆　現在釋放腰椎的負面能量　現在釋放被鄙視的能量

現在釋放胃的負面能量　現在釋放腰椎的負面能量　現在釋放被鄙視的能量

肩膀放鬆　現在釋放被鄙視的能量　現在釋放腰椎的負面能量
現在釋放被鄙視的能量　現在釋放被鄙視的憤怒
現在釋放被鄙視的憤怒　肩膀放鬆　現在釋放脾臟的負面能量
現在釋放被鄙視的悲傷　現在釋放被鄙視的孤單
現在釋放被鄙視的孤單　現在釋放被冷落的能量　現在釋放被忽略的能量
肩膀放鬆　現在釋放肺臟的負面能量　現在釋放被忽略的能量　現在釋放被冷落的負面能量　現在釋放肺臟的負面能量　現在釋放被冷落的能量
現在釋放家族中被排除的能量　現在釋放家族成員被排除的能量
現在釋放失落的能量　現在釋放失落的能量　現在釋放失落的能量
現在釋放承接的能量　現在釋放承接不被認同的能量
肩膀放鬆　現在釋放承接不被認同的能量

也許在我們的家族中，有人被排除，我們未曾見過他，也未曾聽過他，可是他是我們的一份子。

現在觀想在家族中被排除的成員，現在觀想他在我們前方。

觀想他在我們前方　肩膀放鬆

慢慢地吸，慢慢地吐

現在觀想家族中被排除的成員，他在我們前方，觀想我們站在階梯上，現在我們看著他的眼睛。

肩膀放鬆

現在我們看著他的眼睛，現在我們從階梯上慢慢走下來，慢慢地靠近他。

現在看著他的眼睛，跟他說：你是我們的一份子，你是我們的一份子。

再一次，你是我們的一份子，你屬於我們。你是我們的一份子，你屬於我們。你是我們的一份子，你屬於我們。

現在觀想我們的頭頂有一道金色的光，慢慢地吸，慢慢地吐。我們慢慢地把這道金色的光，經由百會慢慢地吸進來，經過我們的任脈，經過我們的督脈。

慢慢地從百會吸進來，慢慢地吸，慢慢地吐，從百會慢慢地吸進來，經過我們的任脈，經過我們的督脈。

再一次，慢慢地吐，慢慢地吸。

慢慢地把這一道金色的光，傳送到我們家族成員的頭頂上。

現在肩膀放鬆，靜坐一下。

認識失去

失去所愛。我們看到這四個字的時候，有什麼感覺？有什麼想法？低落，沉悶，心痛……類似的感覺立刻一一出現，過去的悲傷、過去的痛苦，隱隱地探出頭來，是嗎？由此可見，人很有趣，很容易受到周遭事物的影響。

失去所愛是非常重大的課題，我們慢慢來瞭解它。只要能夠多瞭解一些，對我們的生命、生活、關係，都會有所幫助。

從洞悉擁有來認識失去

撇開枝微末節不談，失去所愛的重點在於「擁有」。擁有是什麼感覺？失去是什麼感覺？想要理解擁有，必須從失去著手；反之亦然。我們擁有的時候，對於這兩個字是無感的。當我們擁有美貌的時候，不會覺得美貌有多好，等到有一天我們變得不漂亮了，才會知道這個擁有的感覺。

擁有的時候，會開心，會有安全感，以及幸福的感覺。我們所有的追求與努力，都是為了擁有。擁有成功，受到別人尊敬；擁有財富，生活不虞匱乏；擁有別人的忠誠，不怕遭到背叛。有沒有注意到，它是如何左右我們的生命呢？

歸根究柢，擁有所帶來的快樂、滿足、幸福感，讓我們覺得自己「有力量」。很有才能時，覺得自己有權勢的力量；很有錢時，覺得自己有支配的力量；家人、配偶很忠誠時，覺得自己有掌控的力量。

然而，只要我們體會過「有力量」的滋味，就會害怕失去它。一旦我們害怕失去，就會開始拚命抓取。患得患失的下場，就是耗盡自己的能量。當我們陷入這個狀態中，就沒有能力解脫了。

覺知，跳脫受苦的循環

什麼是覺知？每個人都在談覺知，卻已經談到不知道它是什麼了。其實，覺知是一種動態的狀態。

既然我們知道，人會因為害怕失去力量而拚命抓取，那麼現在當我們看到自己開始在抓取的時候，會怎麼做呢？我們知道自己的能量會在這裡耗損，有什麼感覺呢？我們會不會停下來？這一連串的問題，就是覺知。

「我看到自己在抓取啊，可是，如果我不這麼做，就會失去。我沒有辦法，我別無選擇，我不管那麼多了，我現在就是要抓取。」

「因」是擁有力量，「果」是擁有力量以後的作為、反應。「因」發生之後，「果」會跟著出現。為了抓取，我們的關係、心態都會處在受苦的情況，因跟果開始惡性循環，最後我們會失去一切。

如果我們覺得身體很不舒服，走進一間診所，無意間發現是沒有執照的密醫，會不會馬上掉頭離開？或是會說：「我沒有辦法啊！我別無選擇，我身不由己。」一知道是密醫，我們立刻走人，這便是覺知。

在看待自己的障礙時，是覺知，還是因果，端看我們怎麼決定。

釋放就是如實面對與瞭解

「我知道自己在抓取時，會停下來；可是，實際上我的心裡還是很想抓取，只是沒有做出來而已。」

這是自我壓抑、克制，我們對於自己受苦的意識和狀態並不瞭解。所以，為什麼要釋放？當我們告訴自己不要抓取，這只是念頭、是頭腦；當我們釋放、面對它的時候，則是在跟它交流。在釋放的過程中，隨著抓取的能量出現，害怕的能量也會出現。一層層地釋放，跟它同在，完全瞭解它之後，抓取就會自動消失。

在我們的意識裡面，一直存在著某種恐懼。抓取只是一個表面的狀態，真正的根源是害怕失去。

安定是釋放的基礎

「我如果不抓取，就會失去。」這是害怕。一旦陷入這個循環裡，就不是覺知。覺知的意思是，你已經跟害怕交流過了，你對它已經很清楚了，不用再掙扎「要不要抓取」，只要一看到就會立刻發現不妥，自動停止。如此一來，心裡就沒有衝突。

釋放過程的安定，是一個很重要的態度與能量。有了這樣的態度和能量，我們對於抓取就會看得很清楚。當我們的清明、清楚一出現，完全不需要花費力氣去抉擇或是去壓抑，因為我們很瞭解抓取的原因，不必再自我說服，就這麼簡單。所以，釋放過程的「同在」很重要。

擁有是「因果」或是「覺知」，只有你自己能決定。學習「抓取」，瞭解「擁有」，花心思、時間跟它相處，就會自然而然保持在覺知的狀態。若是「我不管，我沒有時間，只要告訴我該怎麼做就好了」，就會一直處在因果的狀態。

因果表示有發生跟結果，有了開始，就會有結束。所以，有了擁有，就會有失去。這是大自然的法則。有一天，我們所愛的人離開了，這個時候我們的力量感、幸福感、安全感都沒了，我們的第一個反應會是什麼呢？

逃避會衍生其他問題

當我們失去所愛，第一個反應是痛苦。不再「擁有」，會讓我們痛苦得想逃避。舉例來說，所愛的人離開了，不會回來了，我就去旅行，忘記痛苦。如果我旅行二十天，是不是等於每一天都在想這件事？想了二十天，失去的痛苦就延續了二十天。這就是逃避。失去所愛的痛苦，去旅行就能解脫嗎？當然不會，只是暫時忘記而已。

有一種逃避是努力工作。努力工作是為了忘記，但是，努力了一年就等於是想了一年，為什麼呢？想像一下，即使再怎麼投入工作，總是要回家休息，當我坐在沙發上看著電視，是不是會想起：「那時候多美好！他當時對我真好！」因為這件事情我沒有去學習結束，既然沒有結束，肯定會捲土重來。

有人是用吃來填補空虛，結果就是變胖，然後再花錢去減肥。我們會找各種方法來忘記痛苦，但是吃三年就等於想三年，而且這三年不是只有吃而已，還會衍生其他問題：吃到變胖，吃到身體出狀況，吃得越多越寂寞。

還有許多逃避的方式，像是吸毒、喝酒、上網、聊八卦等等。有人用工作得精疲力盡來忘記，有人用聊他人事來忘記。別忘了，再找一個伴也是逃避。問題不在於我們做什麼，而是做這些事的動機。當我們逃避的時候，痛苦會消失嗎？或是累積得更多？如果不去面對，它會儲存在我們的意識，時間越久就變得越深，形成惡性循環。

當我們失去所愛時，我們究竟在逃避什麼？失去我所愛的人，那種「力量感沒有了」的感覺，很難用精準的言語形容。心裡的空洞讓我們害怕，一碰觸到就想逃，去大吃、去工作、去旅行，恐懼卻越來越深。

失去所愛之後，寂寞、空虛、孤單、不被接納的感覺，是從我們的害怕生出來的。那麼，這個害怕又是什麼？去面對，你就會知道。跟害怕在一起，覺知的狀態才會發生，否則無論怎麼解釋都是頭腦的概念。

覺知能夠帶領我們到哪裡，視每個人的狀態而定。只要夠深入，就會看見自己正在逃避寂寞、空虛、孤單的感覺，就會知道這些感覺是我們認為的，就會明白我們是被自己的念頭影響了。

學習跟恐懼交流

因為我們不瞭解、不知道、也沒有學習，痛苦的根扎得太深的時候，周圍的每一個人都會被拉下來一起受苦。當我們困在恐懼之海，沒有能力逃離，一個影響一個，一個又影響兩個，兩個影響四個，最後身邊的人都會陷在恐懼之中。

所以學習非常重要，非常有意義，只要有一個人保持清明，他就能影響身邊的人。不是去改變他們，而是彼此的互動會完全不同，這個時候才能夠體會什麼是愛。在這之前，我們所認為的愛都是一種交易，都是一種概念，都微不足道。

當我們可以跟恐懼交流，認識它，愛才會發生，才會出現。因為我們不再是用自己的問題去跟家人、朋友互動，整個家族、整個關係都會變得和諧。有學習的狀態，是跳脫因果的狀態，是覺知的愛，是真正的幸福。

跳脫了因果，就不會有結束，力量感就不會消失。我的親人走了，我的愛不會走。我對他的愛永遠存在，因為我們不是在「因果」裡面，而是在「覺知」裡面，這些感覺被轉化了。即使所愛的人離開，我們對他的愛也不會改變，這就是覺知。

如果缺乏真實的覺知，我們的痛苦都在概念裡面，解脫也在概念裡面。清明覺知會把另外一扇門打開。所以，學習對於我們自己和我們的親人而言，都很有意義。

「失去」到底是什麼？

失去幸福，失去所愛，當我們失去的時候，會感覺到孤單無助，會覺得害怕，會覺得沒有歸屬。那麼，我們失去的到底是什麼？

事實上，我們只不過是把注意力放在那個給我們幸福感的人或事上，而那些人事物受到挑戰或失去的時候，我們只是把注意力放回了原本害怕、孤單的地方。其實我們一直是恐懼、孤單的，只是當我們擁有自己認為的幸福時，暫時忘記了，以為自己安全了。然而，幸福的我們和害怕的我們，是一樣的。我們擁有的事物不存在了，我們掉回原來的洞穴裡。我們從一開始就在這個洞穴裡了，而且是一直在這裡；只是直到「失去」的時候，我們才終於發現：「我在洞穴裡面。」

所以，我們在生命中會經歷這些傷痛，是因為我們還無法看到真相。為什麼看不到呢？是不是因為我們一直在抓取各種能讓我們忘記身處洞穴的人事物？是不是這樣的態度導致我們看不見自己一直在洞穴裡？這就是「失去」。它不是「失去」，它是「本來如此」。

放下的那一刻即是永恆

失去親人的時候，釋放可以讓我們體會，不是放下就一切都沒有了，而是放下的那一刻，我們能和對方更靠近、沒有距離、甚至合而為一，反而「在」的感覺更強烈。這是很難言喻的愛，跟「認為放下就失去一切的感覺」很不同，感覺對方沒有離開，那種狀態更勝擁有，因為少了擁有背後的擔心跟害怕。

原來放下這麼美，那一刻應該是真正的永恆。心中充滿感激，感激對方曾經給予的照顧跟疼惜。這份感激會讓我們覺得：這是永恆的愛。如果不願意放下，就永遠無法體會這種至高無上的福！

累世以來我們一再經歷失去的痛苦，所以會帶著很多的恐懼，這些恐懼讓我們奮力抓取，結果就是充滿挫折與衝突。體驗愛的無限與寬廣，這些恐懼便會自然脫落，我們就不會再抓取。

愛的無限與寬廣，能讓我們展開新的人生。

因此，釋放不是要得到什麼、成就什麼、達到什麼，而是讓阻礙我們體驗愛的能量剝落，回到我們原來的樣子。

釋放失去的練習

注意現在內心的感受、內心的反應。

是不是我們的生命裡面、我們的靈魂裡面，重複失去所愛的人，重複累積悲傷，我們一直沒有辦法跨越過去？到底是什麼原因，讓我們一直困在這裡，重複經歷這種痛苦、經歷這種悲傷？

嘴巴對著胸口

請別離開我　請不要離開我　求求你不要離開我

請你不要離開我　我需要你　請你別丟下我　我需要你　請你別丟下我

請你留下來，我需要你　請你不要丟下我，我需要你

求求你別留下我一個人　別留下我一個人，我需要你

釋放被丟下的能量　釋放被丟下的能量

釋放心痛的能量　釋放被丟下的心痛能量　釋放被丟下的心痛能量
釋放被丟下的人　釋放被丟下的人
釋放被遺棄的能量　釋放被遺棄的憤怒　釋放被遺棄的憤怒能量
釋放憤怒的能量　釋放憤怒的能量　釋放憤怒的人
憤怒的人是誰　憤怒的人是誰　憤怒的人是誰
釋放失去一切的人　釋放失去一切的人　釋放絕望的能量　釋放絕望的人
再也回不來，我已經失去了你
釋放絕望的人　釋放絕望的人　釋放絕望的人
釋放失去依靠的能量　失去依靠的人是誰
掌心保持相對　釋放失去依靠的人　失去依靠的人是誰
掌心保持相對　失去依靠的人是誰
釋放內心徬徨無助的人　釋放徬徨無助的能量　釋放孤單無助的能量
釋放空虛不足的能量　釋放空虛不足的能量

釋放受苦的人　釋放受苦的人　釋放受苦的人　受苦的人是誰
釋放寂寞的人　釋放渴望得到安慰的人
跟渴望得到安慰的人在一起　跟渴望得到愛的人在一起
跟孤單寂寞的人在一起　跟什麼都不是的人在一起　跟他在一起
釋放空虛的能量　釋放空虛的能量　跟空虛的人在一起
跟空虛的人在一起，讓他向你訴說一切
跟空虛在一起，讓它向你展現一切　跟空虛在一起，讓它向你展現
注意生起的念頭　注意對念頭生出的反應　注意你對它的反應

釋放離別的練習

如果在釋放的過程中，出現離別的能量，出現任何的感覺，都不要壓抑。真的很想大哭，就哭出來，這個障礙才可以鬆開；刻意壓抑，它就會成為藏在我們體內的不定時炸彈。

在釋放過程中要保持注意，先讓我們自己的身體放鬆下來。

現在釋放離別的能量　現在釋放離別的能量

這是開門路，這是開我們靈性離別的門路，這個屬於離別的能量的門路。

現在釋放分離的能量　現在釋放分離的能量

此時也許會出現生活中、生命裡的某一個人，某一段關係，或許是親人的臉，或許是所愛之人的身影。

現在釋放分離的能量　現在釋放離別的能量

假設我們的離別是一種非自然的現象，有時候我們很有可能會產生一種感覺，就是非常的懊悔，懊悔地想：「如果不是這樣，就不會那樣了。」非自然的分離，很容易造成懊悔的感覺。

現在釋放懊悔的能量　現在釋放懊悔的能量
保持注意，慢慢呼吸　現在釋放懊悔的能量
慢慢吸氣　現在釋放懊悔的能量　現在釋放自責的能量
現在釋放懊悔的能量　現在釋放自責的能量　現在釋放悔恨的能量

現在釋放脾臟的負面能量　現在釋放胰臟的負面能量

現在釋放脾胰的負面能量

慢慢呼吸　現在釋放心臟的負面能量　現在釋放左腦的負面能量

慢慢吸氣，肩膀放鬆　現在釋放離別的能量　現在釋放離別的能量

現在釋放離別以後的失落感　現在釋放失落感的能量

現在釋放撕裂感的能量　慢慢吸氣

我們與生命中所愛的人分離後，有時候會有強大的撕裂感、失落感，會有一種非常難以割捨的感覺。

慢慢地吸　現在釋放撕裂感的能量　現在釋放難以割捨的能量

慢慢地吸，慢慢地吐　現在釋放難以割捨的能量　現在釋放不捨的能量

慢慢地吸　現在釋放不捨的能量

慢慢地吸　現在釋放不忍的能量　慢慢地吸，慢慢地吐　現在釋放不忍的能量

想著將來再也無法見到對方的那種失去的感覺，那種永遠失去的感覺。再也見不到對方，永遠的失去。

現在釋放失去的能量　現在釋放失去的能量
慢慢地吸，慢慢地吐　現在釋放失去的能量

這份失去的感覺心如刀割。

現在釋放心如刀割的能量　現在釋放這份心如刀割的能量

這份能量會阻塞在肺部。

現在釋放肺臟的負面能量　現在釋放肺臟的負面能量　慢慢呼吸

再一次　現在釋放失去的能量　現在釋放失去的能量

當我們失去所愛的人，或是跟我們所愛的人分離，我們會有一種非常孤單的感覺。失去了所愛的人，我們會覺得很落寞。

現在釋放孤單的能量　現在釋放孤單的能量

慢慢地吸，慢慢地吐　現在釋放害怕孤單的能量

我們跟所愛的人分離之後，會感受到痛苦，度日如年，感受到又多又複雜的痛苦。這是因為剛才的那些能量沒有被我們清楚，沒有被我們釋放，所以我們處在那些能量的狀態底下，會有一種幾近發瘋的感覺。

就是這些能量讓我們無法平靜下來，沒有辦法度過分離、離別的痛苦。

就是剛才那些能量一直在運轉，沒有得到釋放，所以我們對於離別會非常害怕，害怕我們會變得很孤單，害怕我們會變成一個人，無依無靠。

現在釋放害怕孤單的能量　現在釋放害怕孤單的能量　慢慢地吸

現在釋放害怕孤單的能量

慢慢地吸　現在釋放害怕孤單的能量

現在觀想我們所愛的人，或是我們的家人，觀想他在我們前面，現在把我們的祝福傳送給他。

觀想他在我們的前方，我們的祝福在他的頭頂，在他的周圍，沒有界限地圍繞著他。

觀想我們的愛在他的頭頂，沒有界限地圍繞著他。把我們的愛傳送給他，從他的頭頂，慢慢地籠罩全身，慢慢地延伸，直到沒有界限。

認識恐懼

我們始終「在果裡面製造因，在因裡面生出果」。這些痛苦和障礙的形成，有相對的關聯性。就好像我們經常肚子痛，吃了藥就好了。好了以後，我們還是繼續製造肚子痛的因，原來是因為我們每天喝太多奶茶了，但我們還是一樣在喝奶茶。因為我們太習慣了，就無法去注意到原因，只視為理所當然。

我們對很多理所當然的反應都沒有辦法注意到，所以當我們感覺到痛苦，自然很容易就跑出「我想要努力，我想要精進」的念頭。我們對於這個對立相當習以為常，我們很習慣用這樣的方式活著。

我們的思維模式，讓我們一直不停地製造因，在這個因上面不斷打轉。由於我們無法去覺察，便認為這樣是對的、沒問題的、好的，這是一個重要的關鍵。如果沒有去看見、去鬆動這個部分，那麼障礙還是會再次被製造出來。

憤怒只是表層的情緒

我們什麼時候會感覺到恐懼？假設我們到一家餐廳，服務生的態度不友善，我們會有一點不受尊重的感覺。如果我們是中上階層的主管，下屬說話的口氣很衝，我們也會有不受尊重的感覺。這個時候，我們會覺得生氣。生氣是很表淺的情緒，它的背後是什麼呢？

我們覺得不受尊重時會生氣，於是我們會努力做更多讓別人尊敬的事。假設我演講，我就要讓聽眾開心；如果我是修行人，我就要證悟；如果我是公司的老闆，我就要賺很多錢；如果我是家庭主婦，我就要把家裡打掃得一塵不染。那麼，這些行為的背後是什麼呢？

我想要成功，所以我非常努力。每個人對成功的定義都不一樣，家庭主婦就是把家裡打理好、修行的人就是要證悟、老師就要把課講得精采。我們渴望成功，所以我們想要精進。我今天念了五百萬遍咒語，我要的是什麼？我想要證悟，證悟對我來說就是成功。

當我們在邁向成功的過程中受挫時，我們會有什麼反應？有的人一開始會生氣，「我已經這麼努力，花了這麼多時間了！」有的人可能會憤怒，「我已經做得很好了，卻沒有得到認同！」

「不成功就憤怒」的模式

假設我們今天為了要成功，忍辱負重，臥薪嘗膽，結果卻沒有成功。我們第一個可能出現的情緒就是憤怒。「我已經按照你的意思、你的要求做了，你還是不認同我！」當然，這個憤怒不是單獨存在的。

因為沒有成功，所以我們生出了憤怒，接下來，我們可能會變得更努力，也可能變得悲傷、沮喪、一蹶不振……看看我們的生活，是否一點也不陌生？

跟隨憤怒而來的可能是批判，因為批判別人時可以逃避責任，「不是我的錯！是你們的問題！」這樣就可以不用負責。憤怒之後，也可能變得悲傷、沮喪，自艾自憐：「我怎麼這麼命苦？我為這個家奉獻了二十年，結果老公一句讚美也不會說過，經常不回來吃飯，外面還有小三、小四……」

自憐不是終點。假設我們成功了，我們會更努力，接著又會挫敗；挫敗以後，感到無力；無力以後，指責自己、指責別人……

成功、努力、挫敗、無力，開始指責別人、指責自己，「我不應該這麼怠惰，我不應該這麼消極。」然後又回到原點，加倍努力。

我們在這整個過程中看到什麼？我們是不是一直傻傻地被這個固定的思維模式

帶著跑，完全不知道自己到底在做什麼？

「我想要成功。」光是這樣一個思維的方式、方向，裡面就包含了很多我們的障礙。我們開始生出了一個欲望：想要成功。

成功是為了被認同

許多人看起來很成功，可是他自己覺得快樂嗎？重點是自己的感覺，而不是別人的看法。但是，我們這些努力，包括「想要得到證悟」，都是要給別人看的。問題是我們為什麼需要做給別人看？當然是因為欲望。我們想要成功，想要得到尊敬，想要證悟以後每個人對我頂禮，所以我們很痛苦。欲望是痛苦的根源。

這一切都是自己的認為。別人怎麼看，我們根本無從得知，甚至連我們自己也不太清楚。我們認為只要開悟了，就會有很多信徒對我頂禮，我就心滿意足了、就快樂了。那只是我們自己的認為。

欲望生起的時候，我們立下一個目標：我要成佛，於是我就啟動一個努力的過程，於是我念經、持咒、跪拜、打坐。與此同時，努力、挫敗、無力也一起出現了。

我害怕失敗，我不能失敗

我們在「想要成功」的過程中忙得不可開交，我們到底在做什麼？我們為何需要成功，為何需要這麼努力？因為我們「害怕失敗」。

因為害怕失敗，所以我絕對不能失敗，我必須成功。我害怕失敗，害怕被瞧不起、害怕沒沒無聞、害怕渺小，所以我不能失敗，我一定要成功。看出來了嗎？這就是「害怕失去」。

問題是，當「害怕失去」出來的時候，我們往往不知道它的後面是欲望。

欲望是矛盾、衝突

欲望是什麼？雖然它不是真正的源頭，但它是很重要的根。欲望出來的時候，我們會一直被它帶著走。不滿足、想得到存在感、想得到認同，這些都是因欲望而生的。那麼，欲望本身到底是什麼？

我覺得匱乏，覺得空虛，所以我生出欲望。這個欲望本身到底是什麼？因為我有欲望，所以我用欲望的模式來證明自己，這仍然是欲望生出來的。努力過程出現的狀態都是小孩，欲望才是媽媽，那麼媽媽到底是什麼？我們被小孩帶著跑，卻一點都不認識媽媽。欲望是什麼？

很簡單，欲望本身就是一種衝突、矛盾。

當我們覺得矛盾、衝突的時候，如果沒有覺知，就會進入努力與無力的惡性循環。由於我們在欲望生起時，完全沒有意識到它是矛盾和衝突，所以一切努力都是在製造憤怒、挫敗、無力感、再努力。

欲望本身就是一個互相對立的狀態。

錯誤的因不會導致正確的果

假設我們終於得到想要的成功時，會覺得如何？

當你得到別人頂禮的時候，可能會覺得很有價值感，快樂得不得了。但是這個快樂只能維持五秒，十分鐘。如果你沒有得到頂禮呢？「啊！你修得不怎麼樣嘛！」光是這句話就會讓你難過三年，無比痛苦，甚至怨恨一輩子。

一旦沒有得到認同，沒有被讚美，就會感到痛苦，而且痛苦之後還會生出更多東西。這就是欲望的矛盾。

在達到成功之前，你必須吃很多苦頭，也許必須花費二十年。但是，即使用了二十年，還是不會真正得到成就，因為你是從矛盾、衝突出發的。錯誤的因，不可能導出正確的結果。過了二十年以後，你肯定還是在挫敗裡。

這就是欲望，這就是矛盾與衝突。

否定欲望會更衝突

欲望和恐懼不是單獨存在的。假設你說「我現在開始修不要有欲望的白骨觀」，情況會更糟。為什麼？因為欲望是事實，你的念頭卻是錯的、是偏的，這麼做只會出現更多問題。對於我們的欲望，不是去把它消滅掉，而是去瞭解它是什麼，瞭解它背後的東西：它要得到一個歸屬，它要被瞭解，它要愛。

如果背後的這些沒有被看見，欲望是停不下來的。那個看見的人是誰？就是你自己。所有的欲望都一樣，不論是要賺一百億，或是要證悟，它的本質都是相同的。

延續快樂，為了逃避痛苦

「欲望的根源是不是我們想要離苦得樂的本能？每個人都想離苦得樂，所以會一直尋找快樂。」

曾經經歷過、擁有過快樂，所以想要延續。這個延續本身，就是我們為了逃避恐懼而製造出來的。所以當我們想要延續快樂的時候，這個欲望就永遠不會離開，而是以另一種形式和我們生生世世相依相守。如果我們不瞭解它，那麼欲望就會一直出現，一直重複。

欲望有它本身的「道」。也就是說，假設你過度地放任它，就是一種縱欲；如果你完全隔絕它，那又是一種禁欲、壓抑。這兩種做法，都會導致欲望的增強。

停在「不知怎麼辦」

我們往這邊走也不對，往另一邊走也不對，我們卡住了，不知道該怎麼辦。

如果你停在「不知道該怎麼辦」，你就有救了。當你不知道該怎麼辦的時候，才有機會重新洗牌，才有機會重新認識它。如果你說「我現在要重複那個快樂」或是「我不要它」，就是在跟它對抗。

你不知道它是什麼的時候，才有機會和它交手，也才有可能從這個地方跳脫出來，解脫出來。解脫出來並不表示完全沒有欲望，欲望本來是可以很美好的，它有它該在的位置。

就是因為我們頭腦的壓力全部沒有辦法釋放，所以壓力就會跑到欲望來，欲望就變得很大，要找到一個出口。當所有欲望都在找出口的時候，我們一定會產生衝突、矛盾、痛苦，因為它本身就是衝突、矛盾。

在靜心的過程中，如果我們一步步清理憤怒、努力、悲傷，清理等於是一種認識，到了最後，「想要成功」的這個欲望就會變得很平靜。你跟它同在了，你跟它共處了，所以你已經沒有了衝突與痛苦。

如果你不認識自己的痛苦，即使再怎麼努力，結局終究是挫敗。

擺脫恐懼的企圖本身就是恐懼

當我們感到孤立無助的時候，害怕很快就出現了。當我們覺得沒有任何人可以依靠，第一個感覺就是害怕。我們為什麼覺得需要別人幫忙？為什麼需要覺得有人可以依靠？

我們的頭腦一直用對立的方式思考，所以它的對立面就是「因為我自己沒有能力」，於是這個時候我們就會害怕。當我們覺得不被接納、被排擠的時候，就會覺得孤立無援，就會開始害怕，卻沒有去看到「因為我已經預設自己沒有能力」。

當我們害怕時，就會想要去除害怕，例如我們害怕以後沒錢，所以現在對錢很計較。因為害怕，想要擺脫它，這就是對立思考的模式。是我們的思考模式製造出恐懼。放棄這個思考模式，就是停止擺脫恐懼的方式。

「孤立無援」是我們自己的認為和預設。我們的頭腦製造出孤立無援，先製造出一個問題，然後再去擺脫問題，這就是我們頭腦製造對立的思考模式，這樣的模式會重複製造障礙。我們要去學習的就是看見這一點，而不是去消滅恐懼。

假設今天有兩個強盜闖進家裡來，我們會想要把他們趕走，對嗎？會生出「恐懼」的狀態就像是強盜，對未知的不確定感、想要掌控、沒有安全感、孤獨無依、失去所愛、失去依靠、離別、身體或心理受傷的經驗、不被認同、沒有希望……都是強盜。為了趕走他們，我們請了強盜頭子。一個強盜頭子就可以趕走兩個強盜，真是太好了！真的是這樣嗎？結果我們必須對抗一個更大的恐懼。這就是我們一直在做的事。

因為恐懼，所以我們心甘情願地犧牲一切，只為了得到安全感；我們願意花盡所有心血，只為了為小孩前途鋪路；愛人要離開我們，我們會願意犧牲，不計代價來挽回。這些都是恐懼。

我們一直搞錯了，雖然強盜頭子把兩個小嘍囉趕走了，但是他自己有一百個嘍囉。當我們處在不確定的狀態，開始依賴，憤怒，害怕失去所愛，害怕不成功；當事實跟我們想要的不符，我們就開始生氣、害怕。我們一直搞錯了。

如果我們不清楚、不瞭解這個狀態，如何從這裡解脫出來？如果不瞭解問題，如何能自由輕鬆呢？

帶著愛理解這一切

我們累生累世以來，失去多少所愛的人，有過多少不被認同、被遺棄的經歷，就是因為我們始終在這個痛苦裡面打轉，從來沒有在愛的狀態裡。

痛苦都是從人的自身而來，不是你的專利，也不是我的專利，是活著的每一個人的狀態。

我們只能夠帶著愛去理解，理解失去所愛的人，理解不安，理解這些痛苦。我們無法去除這些狀態，因為它在我們的意識、在我們的體內。

唯一的做法，就是帶著愛理解這一切。

釋放恐懼的練習

現在釋放恥骨的負面能量　現在釋放恥骨的負面能量
現在釋放骼骨的負面能量　現在釋放骼骨的負面能量
現在釋放坐骨的負面能量　現在釋放坐骨的負面能量　肩膀放鬆
現在釋放恐懼的能量　現在釋放恐懼的能量　肩膀放鬆
現在釋放恐懼的能量　現在釋放害怕、擔心的能量
現在釋放害怕、擔心的能量　現在釋放害怕、擔心的能量
現在釋放肺臟的負面能量　現在釋放肺臟的負面能量
現在釋放氣管的負面能量　現在釋放氣管的負面能量
現在釋放乳房的負面能量　現在釋放乳房的負面能量
現在釋放肝臟的負面能量　現在釋放肝臟的負面能量
現在釋放擔心、害怕的能量　現在釋放孤立、無助的能量

現在釋放孤立、無援的能量　現在釋放孤單、無助的能量
現在釋放孤單、無助的能量　現在釋放被遺棄的能量
現在釋放感覺被遺棄的能量　現在釋放被遺棄的能量
現在釋放橫膈膜的負面能量　肩膀放鬆　現在釋放橫膈膜的負面能量
現在釋放肝臟的負面能量　現在釋放中樞神經的負面能量　肩膀放鬆
現在釋放被遺棄的能量　肩膀放鬆
現在釋放中樞神經的負面能量　現在釋放橫膈膜的負面能量
現在釋放被遺棄感的能量　現在釋放孤獨、無依的能量
現在釋放肝臟的負面能量　現在釋放橫膈膜的負面能量　肩膀放鬆
現在釋放失去所愛的失落感能量　現在釋放失落感的能量
現在釋放心臟的負面能量　現在釋放心痛的能量
現在釋放失去所愛的能量　現在釋放失落感的能量
現在釋放心痛的能量　現在釋放失落的能量

現在釋放失去所愛的孤單感　現在釋放孤單的能量　現在釋放孤單無助的能量

現在釋放心痛的能量　現在釋放孤單無助的能量

現在釋放心痛的能量　現在釋放心痛的能量　肩膀放鬆

現在釋放失去所愛的憤怒能量　現在釋放憤怒的能量

現在釋放失去所愛的憤怒能量　現在釋放失去所愛的孤單、無助能量

現在釋放失去所愛的哀傷　現在釋放失去所愛的哀傷能量

現在釋放失去所愛的悲傷　現在釋放失去所愛的哀傷能量

現在釋放失去所愛的悲傷能量　現在釋放肝臟的負面能量　肩膀放鬆

現在釋放尾骨的負面能量　現在釋放失去所愛的悲傷能量　肩膀放鬆

現在釋放失去所愛的悲傷能量　現在釋放承接恐懼害怕的能量

現在我們帶著愛　肩膀放鬆　現在釋放承接恐懼害怕的能量

現在釋放承接恐懼的能量　現在釋放疲憊無力感的能量

現在釋放疲憊的能量　肩膀放鬆　現在釋放疲憊無力的能量

慢慢地吸，慢慢地吐。慢慢地吸，慢慢地吐。

現在慢慢地觀想我們的頭頂有一道金色的光，這道金色的光充滿了愛。這道金色的光瀰漫在我們的頭頂上。

現在慢慢地吸，慢慢地吐，慢慢地吸，慢慢地吐。金色的光經過我們的百會，下到長強，經過我們的任脈到我們的督脈。

慢慢地吸，從百會把它吸進來，經過我們的長強慢慢地出去。

肩膀放鬆，慢慢地吸，把金色的光慢慢地經由我們百會吸進來，從我們的任脈繞到督脈，慢慢地出去。

現在觀想我們所愛的人，在我們的前方，這一道金色的光在他的頭頂上。慢慢地，這道金色的光，瀰漫在他的周圍，由他的頭頂慢慢地充滿他的全身。

釋放寂寞的練習

現在釋放不足的能量　現在釋放頭腦預設「我不值得」、匱乏不足的能量

現在釋放不足的能量

請保持同在

現在釋放不足的能量　現在釋放不足的能量　現在釋放頭腦預設「我不值得」、

匱乏不足的能量

肩膀放鬆　請保持同在

現在釋放預設不足的能量　現在釋放寂寞的能量　現在釋放寂寞的能量

現在釋放渴望的能量　現在釋放渴望的能量

請保持同在　肩膀放鬆

現在釋放渴望的能量　現在釋放渴望的能量　現在釋放渴望的能量

現在釋放寂寞的能量　現在釋放寂寞的能量

現在釋放空虛的能量　現在釋放空虛的能量　現在釋放感到空洞的能量

請保持同在

現在釋放空洞的能量　現在釋放空洞的能量　現在釋放空洞感的能量

請保持同在

現在釋放空洞感的能量　現在釋放渴望的能量

現在釋放挫折無力的能量　現在釋放挫折無力的能量

現在釋放挫折無力的能量

現在釋放挫折無力的能量　現在釋放挫折無力的能量

現在釋放無力絕望的能量　現在釋放右心房的壓迫能量

現在釋放無力絕望的能量　現在釋放右心房的壓迫能量

請保持同在　肩膀放鬆

現在釋放無力絕望的能量　現在釋放無力絕望的能量

請保持同在　現在釋放絕望的能量

讓我們絕望的是害怕不再有歸屬、無所依附的感覺。

現在釋放害怕無所依附的能量　現在釋放害怕無所依附的能量

請保持同在

現在釋放害怕無法存在的能量　現在釋放害怕無所依附的能量

現在釋放害怕無法存在的能量

現在釋放害怕無法存在的能量　肩膀放鬆

現在釋放害怕無法存在的能量　現在釋放害怕無法存在的能量

請保持同在

現在釋放害怕無法繼續存在的能量　現在釋放害怕無法延續存在的能量

請保持同在　肩膀放鬆

現在釋放害怕無法延續存在的能量

慢慢地吸，慢慢地吐。慢慢地吸，慢慢地吐。

現在觀想我們的頭上，有一道金色的光，這道金色的光充滿了愛，充滿著溫暖。它從未離開過我們，我們不需要去追求它、想要擁有它，我們需要的是看到它始終存在著。我們始終在這一道金色的光底下，在這一道充滿愛的能量底下，我們不需要去追求，不需要得到它，因為我們從未失去過它。

肩膀輕輕地靠在椅背上　身體放輕鬆　肩膀放下來

現在我們要與我們的寂寞、空虛在一起。我們要直接和寂寞的感覺接觸，而不是透過剛才的念頭、猜測。

把我們剛才所看到的害怕、意念，先暫時放下來，我們直接與寂寞、空虛在一起。不是透過意念、頭腦，我們直接跟寂寞、空虛同在。不論出現什麼樣的念頭，我們都與它同在。

現在我們直接跟空虛在一起，不是透過意念，而是直接和這個感覺在一起，不是透過認為。現在與我們的空虛同在。

現在與我們的空虛、寂寞的感覺在一起。

面對孤單、寂寞、空虛時，如果我們的念頭、我們的意念，沒有出現干預，那麼這個寂寞、孤單就無法存在。所以，是我們的念頭、我們的頭腦、我們的意念支持著它。

所以，當我們可以把我們的念頭，留在適當的地方，屬於它的地方，那麼，我們的孤單、寂寞、空虛就什麼也不是。

沒有了這些念頭的干預，孤單、寂寞、空洞就什麼都不是。

所以當念頭、意念出現，強化寂寞、恐懼的時候，我們要能夠去注意到它，是意念在支持著它，在支撐著它。

觀察自己的態度

我們用什麼樣的方式，想要得到被愛、被看見、被認同？我們用什麼樣的模式，想要得到愛？我們用什麼樣的態度，想要從關係裡面得到愛？這樣的態度讓我們的關係變得更好，或是障礙越壓越深？這樣的態度對我們的生命有什麼樣的影響，會讓我們變得如何？重點就是這個態度。我們要能夠意識，並且要能夠看到我們面對障礙的整個過程。

我們表層的一些障礙，像是受苦、爭執、衝突、矛盾，全部都源自於想要被愛，想要得到愛。我們不知不覺地陷在這個受苦裡面，想盡各種方法，試圖得到我們所謂的愛。但是，到底什麼是愛？我們真的知道愛是什麼嗎？會不會其實我們根本不知道什麼是愛？

我們只知道自己有一堆煩惱，一堆問題，一堆孤單、寂寞，需要有一個人給我安慰、依靠或認同。我們要的是這個，我們把它稱為愛。

我們都想要得到愛，寂寞的時候、失落的時候，有人關心我們、陪伴我們，我們認為這樣是愛。然而，當我們有這樣的心態，我們所做出來的、呈現出來的，會是什麼樣的互動？這樣的互動方式，這樣的渴望態度，會讓愛消失。

仔細去看，在這整個生命中，我們是不是一直重複在做這些事情，重複這個模式？事實上，我可以說我們根本不懂什麼是愛。

重新認識愛

所以，愛到底是什麼？它是我們的受苦、煩惱停止的時候，所展現的一種自然的狀態，而不是別人可以給予的東西。愛是我們內在的一種狀態，不是任何人可以給的。

我們以為「愛要由別人來給我」，所以每個人都在渴望、索討愛。愛，就在我們心中，不是他人可以給予的。只要我們能夠理解這一些煩惱，這一些痛苦、衝突的時候，很自然地就會處在一種和諧、平靜、祥和、自在的狀態。這就是愛。

轉化不被愛

當我們感覺到不被愛的時候，有什麼想法？覺得自己不被重視、不被接納的時候，內心深處會有什麼感受？很難過、很不舒服、很痛苦，對不對？那麼，這些痛苦如果沒有被我們的能量呈現出來，並且在呈現之後轉化，它們是不是依然存在？

我們的不被愛，覺得自己是不好的，是被遺棄的，會帶來很大的痛苦。唯有將這種痛苦的能量呈現出來，它才會轉化。如果一直壓著它，就會不停地累積。

釋放，可以讓我們的痛苦呈現，予以轉化。但是釋放有一個重點，就是平靜的狀態。學習在走路、動作的時候覺察，就能體會什麼是平靜的狀態。

我們的痛苦，我們的不被接納，都是一個能量，如果沒有讓這個能量呈現，它會影響我們的每一天。它會一直吞咬我們，啃噬我們，讓我們很難有愛的狀態出現。

讓我們的痛苦浮現出來。目的不是發洩，而是讓這個能量流動。

痛苦是自己製造出來的

當我們在注意、在覺知的時候，才能夠發現自己有多少限制。在這樣的狀態下，我們就會清楚瞭解，我們的痛苦沒有人能解救。因為它是我們自己製造出來的，因為我們把這些應該、以為、信念加在自己身上，認為自己應該有多少存款、應該有安全感、應該被愛，於是在其中製造痛苦、重複衝突。我們活在很多的認為中。如果一直待在「只要努力達到某個目標，就可以被愛、就會快樂」的幻象裡，怎麼可能圓滿而自由呢？一旦我們發現，這些痛苦原來是我們用頭腦製造出來的，就能破除幻象了，我們就自由了。認清這一點、了悟這一點，生活就會有所變化。

對於痛苦抱持著一種想要瞭解的態度，我們的命運就會在這一刻產生改變。我們根本不需要做些什麼，瞭解當下這一刻，就表示放下了過去的記憶。「瞭解」的狀態就是此時此刻。

「不需要做什麼」這句話不是盲目的否定，裡面包含了很大的智慧，很大的觀察，很大的發現。當我們處在覺知的狀態時，自然明白不需要做什麼。

障礙即是自由的門

我們對障礙的反應決定了命運。如果想著「我要消滅憤怒和痛苦」，憤怒就永遠和你糾纏不清。如果是想要知道它，想要瞭解它，那麼你的愛就會出現。當我們與父母、兒女、伴侶之間的關係出現了「愛」，憤怒、痛苦、受苦將會自動停止。

事實上，障礙只是我的一個說詞。只因我們還沒有覺知它，被它影響而不自知，它才是一個障礙。

當我們覺知它的時候，這個障礙就是滋養我們的能量，就是我們覺知的一個路線。如果我們遇到障礙時，採取對立的態度去對治，那麼這種對立的態度就會讓我們重複受苦。不是發生的問題讓我們受苦，而是我們的態度讓我們一直在原地打轉，是這個態度讓我們受苦。

我們彼此緊密相連

我們都不是一個人。你絕對不是只有你自己，每一個人都代表了全世界，不是只有你自己。孩子、配偶、父母、同學、朋友、同事……你和這麼多人有關係，你絕對不是只有你自己。

這些人有各自的觀念跟障礙，當他們痛苦的時候，你也不好受。相反地，當你覺得痛苦、煩惱的時候，他們也一樣難受。你的痛苦，不是你一個人的痛苦。所以，如果今天你清楚了，不是只有你清楚而已，而是所有人都會跟著你一起發光。

這就是學習的重要。

釋放實例分享

——黃啟霖

「釋放」是本書作者劉素珍老師面臨死亡威脅之際，所體會到的身心靈療癒良方，不但簡單易行，而且廣泛適用，不論是身體各種不舒服、病痛，心裡出現焦慮、憂傷、憤怒、愧疚、孤單等情緒，或是家人的身心狀況，甚至寵物的病痛，都可透過釋放獲得紓解、療癒。

釋放還能釋出我們內在潛藏的問題與障礙，讓內心深處一直跨不過去的關卡、長期受到壓抑的能量能夠流動，使我們能真正地看見自己，「不需要特別做什麼」就能讓障礙自動轉化，得以跟自己和解，內在的愛自然顯現。

跟隨老師學習的學員，逐漸都能透過釋放，感受到能量流動在自己身心，以及和家人、同事關係上的轉變。以下選錄幾位學員的釋放心得，分別就「身體病痛的釋放」、「生活事件的釋放」、「情緒的釋放」、「為家人釋放」等方面，與讀者們分享。

身體病痛的釋放

◎釋放身體不適（璟萱）

我和婆婆、小叔們一起住，會幫忙帶小叔的小孩。有一次，我先生回大陸上班。隔天小朋友從幼稚園下課，老師說他發燒到三十九度，要帶去看醫生，因為要等他媽媽下班來接他，而且他全身無力躺在床上很不舒服，我就陪他聊天。問他哪裡不舒服？有沒有什麼傷心難過的事情？他就說，伯父回大陸讓他很難過。我教他釋放，用手把心裡的傷心抓住，丟到外太空，邊丟邊說釋放。我們一直丟、一直丟，大概丟了半個小時，他突然從床上爬起來，說想要到外面跟小朋友玩。我幫他用耳溫槍量一下，體溫竟然恢復正常，他退燒了。

此後，遇到小朋友感冒發燒，我有時間就會陪他們釋放，雖然不能馬上退燒，但是感冒會早點好，不用一直吃藥。

◎釋放牙痛（鳳春）

長期以來，常為身體哪裡不舒服而焦慮，如此日復一日地擔心，毫無生活品質可言。在素珍老師教導靜心、釋放後，一遇到身體不舒服，我就練習釋放。有一次，接連幾天睡眠不足、又睡不好，身心疲憊不堪，於是釋放疲憊的能量。大概四、五次之後，感覺到肝臟在喊救命，開始釋放肝臟的負面能量。幾次之後，眼淚不聽使喚地流下來，出現憤怒的情緒，感受到長久以來積壓在深層意識的生氣、不甘心、不平衡。我跟這些感覺在一起，慢慢地，疲憊感鬆開了，憤怒的情緒也被我理解，進而有所清理了。

有次牙痛得厲害，翻來覆去睡不著，就釋放牙痛的負面能量，跟牙痛的感覺同在，漸漸覺得上下頷骨的熱氣出來，繼續釋放幾次後，出現焦慮、不知所措的緊張感，這正是我那些時日的狀態。接著一句一句釋放，體驗到頭鬆開後的舒暢感，牙齒的疼痛也跟著減輕許多，便在不知不覺中睡著了，一覺到天亮。

又有一次，睡到半夜，右腳突然抽筋痛醒，在半夢半睡之間，我不假思索釋放抽筋的能量。也不知釋放了多久，就又睡著了。以前抽筋過後都會痠痛個半天，這次卻很神奇，睡醒後彷彿什麼都沒發生一樣。

◎釋放腹痛（香如）

我喜歡散步，可以放鬆自由地閒走是人生一大樂事；尤其學習釋放後，讓我更能享受散步的樂趣。

曾經一次在散步途中突發腸絞痛，當下只能捧腹直冒冷汗，身體幾乎無法動彈。

透過一次次釋放腹痛的能量，感覺到痛點的移動和舒緩，不到幾分鐘就恢復過來了。

謝謝素珍老師教我們釋放這個寶，讓我們可以帶在心裡安心地到處走。

◎釋放胸悶（凡妮莎）

以前有一段時間，晚上睡覺時胸口會悶到睡不著，心裡覺得悲傷焦慮。當釋放這個焦慮能量時，喉嚨和食道就開始緊縮，出現疼痛、灼熱的感覺，還有被東西卡住的感覺，是一種快要死掉的感覺。記得以前年輕時，遇到大考或是忙季加班的時候，就會偶爾出現一、兩次自己快要死掉的感覺，並且送醫院掛急診的情況，原來這些都是過去的創傷卡在身體的現象。

繼續釋放這個能量，反胃嘔吐的感覺就更明顯，可是接著慢慢開始會感覺胸腔越來越好呼吸，胸前肋骨中間原來有凹陷的地方也開始變化，變得比較平整了。整個傷痛出來的過程非常沉重，但經歷過之後，身體變得輕鬆自在很多，連腦子裡的想法都變得活潑了起來。

◎釋放膝蓋的委屈（倩瑩）

有一次我不小心扭到膝關節，當場痛到不行，沒辦法走路，幸好同學發現我的異樣，先緊急幫我處理，老師後來也教我如何釋放。因為處理得當，當下就覺得症狀有所減緩，接下來好幾天我都很認真釋放膝蓋扭傷的能量，也盡量讓它休息。我發現，隨著釋放的過程，那種疼痛感及一股熱氣一直在出去，膝蓋也持續好轉中。

到了後來，竟然覺得左膝有一種很委屈的感覺，於是我又釋放它的委屈的能量，這下子不得了，火氣爆衝，我感受到它在傾訴這些年承受了許多的壓力與情緒，我是多麼忽略它……我太驚訝於這個發現，按照老師所教過的，隨著它出來什麼能量就去釋放它、跟它在一起。

釋放完之後整個人有一種輕鬆的感覺，有一種被看見的感覺，而且膝蓋也復原得更快。我才明白，原來我們的身體真的記錄了很多事，原來它們發出疼痛，只是要我們看見它。

◎釋放失去的悲傷（冰麗）

有一次，忽然感覺下腹部有點悶痛，就釋放下腹部悶痛的能量，當下感覺到下腹部的外圍熱氣很大，因為我的子宮在生產時無法收縮而切除。突然閃過一個感覺，讓我去釋放失去子宮的能量，這時感到很悲傷，有失去的悲痛，這股能量帶出了我曾經拿過小孩的記憶，這時失去小孩的痛苦跟愧疚也一併出來。

承認自己曾經對他們造成傷害，我對他們懺悔，同時也感謝他們願意來當我的孩子，在我的心中，他們永遠都有一個位子，我也願意做一些有意義的事來紀念他們，「謝謝你們！我的孩子。」奇妙的是，過了幾天才發現，自從那次釋放之後，下腹部就不再有悶痛感了。

◎釋放頭痛（Sunny）

以前接觸過不同的身心靈門派，得知錯誤的態度、信念以及壓力會導致疾病，也大概瞭解面對情緒、同在才能化解。在不同的派別遊走了許久，卻還是沒辦法讓自己安定下來。

直到接觸素珍老師的家族能量，我人生中第一次感到內心真正的安定。慢慢瞭解老師的教導之後，再學習釋放，覺得自己得到了一個很大的禮物。釋放可以跳過腦袋，直接跟能量在一起，不用倚靠治療師，自己就可以進行，與情緒同在也很快可以感受到情緒慢慢轉化。

我常常頭痛，當我釋放這個痛的時候，跑出一股敵意，這時我才發現，平常對生活中很多人事物都有一種反射性的批判跟敵意，而我竟不自知。在釋放過程中，身體越來越放鬆，還陸續冒出過去讀書的壓力等等，看到自己如何在日常生活因為這些態度而累積壓力，導致頭痛。在這個過程中，頭痛就慢慢好轉了。

慢慢透過釋放、同在，去認識跟瞭解自己，儘管過程要經歷傷痛，卻越來越安定。雖然看到很多不美好的自己，卻更少用「理想的我」來苛求自己。

◎釋放的神奇（岑兒）

坦白說，一開始我對「釋放」這個詞很疑惑，彷彿哈利波特念咒語一樣不真實，但在幾次親身經歷後，發現了「釋放」過程的「神奇」之處：第一，我在心情不好時，釋放後，心情會有點不同。不好的心情不會因釋放而變好，卻能輕鬆一點地面對這個壞心情。第二，我的腳曾經扭傷，行動不便，資深同學告訴我，腳的扭傷上有「憤怒」，請我釋放看看。釋放後，隔天居然能走了，真是不可思議。

◎釋放身心症（鐵粉如）

關係的糾結，不但會造成生活上的不和諧，還會在身體裡埋藏看不見的壓抑，日積月累，終將爆發。

先生由於工作的關係，終年離鄉，聚少離多。對於家庭結構的分離現象，我無能為力。傳統教育下的知識女性，不以哭鬧上吊抗議，因為瞧不起那樣的自己。我用堅強承擔封閉自己，麻醉脆弱和不願意分隔兩地，一直催眠自己：「我可以，我可以，我可以……」可是，事實是什麼呢？

這幾年透過釋放和靜心的學習，一點一滴看見自己內心真正的渴望和背後的恐懼。原來表面上的堅強只是一個包裝，真正的事實是渴望被愛，害怕被忽略，害怕沒有存在感，沒有安全感。

這個能量，一直在身體裡面遊走，藉著身體的不適，隨時吶喊著想被看見的抗議。多年的肩頸僵硬，胃食道逆流，腸道消化不良，胰臟發炎，心律不整……順理成章地讓自己耽溺在苦命小媳婦的內心劇情裡無法自拔。這樣的索愛方式不但折磨自己，也讓關係裡的對象很難呼吸。真的很對不起自己，也對不起曾經被我有意、無意傷害過的對象。

釋放和靜心的學習真是神奇。透過一次次釋放憤怒、不甘願的負面能量，我的食道逆流症狀竟然不藥而癒。一次次釋放悲傷、委屈的能量，內在湧流出濃稠的相思苦水和淚水，痛楚到極點，想要被愛的靈魂被允許、被接納後，心臟整個大開，心律不整的毛病也不再困擾我了。這是多麼幸運的學習啊！

現在的我充滿了活力，當我用「心」重新看待當下的生命時，感受到了先生的無奈和不得已，滿腹心酸不被瞭解；感受到媽媽對爸爸的渴望，和我如出一轍的委屈和承擔；感受到公公捍衛尊嚴背後的脆弱，堅持他說了算的固執。原來我們都活得這麼不輕鬆，都是受苦的靈魂啊！

瞭解了每個人都陷在自己受苦的狀態，原本堅持的「我對你錯」變得一點意義也沒有。心清空了好多障礙和煩惱，變得好開闊。

生活事件的釋放

◎釋放被栽贓（淑娟）

我結過兩次婚，第一段婚姻經歷家暴離婚、有小孩，而在第二段婚姻，我老公的姑姑會經常問我老公：「你老婆有沒有跟前夫小孩聯絡啊？有沒有給他錢啊？」雖然老公都不說，我總覺得跟老公有點隔閡、沒辦法靠近，而我也不知道到底發生了什麼事，老覺得怪怪的，每次只要姑姑又講了什麼，老公就會缺乏安全感地開始查勤，問東問西。

這個問題困擾了我很多年，因為害怕面對，所以也不敢問老公。有一次，老師突然問我最近怎麼了，我就告訴老師原委。

老師說：「這跟你的業力有關。」我回答：「嗯！我也覺得是，因為這種事情一直不斷在發生。」老師就叫我釋放「被栽贓」。釋放之後我才知道，自己有好幾世這種經驗，因為勾心鬥角被毒死、因為受嫉妒被毒死，因為被栽贓嫁禍而死。

釋放了以後，我有力量敢去捍衛我的權益了，也有力量去為事情的真相辯白。現在我跟老公可以互相敞開心房，暢談彼此疑惑的事情，能夠相互信任扶持。回頭想想，還滿感謝有這件事情的發生，讓我跟老公的關係又更靠近了，而我也藉由釋放而療癒了自己。

◎釋放讓我有力量（琪琪）

剛開始學習釋放時，經常不自覺進入昏昏欲睡的狀態，因此給自己下了結論：

做這個，根本沒有用，而且好無聊。

當我的不快樂與痛反覆湧現時，我習慣積極找出許多能立刻解決我煩惱的對策，讓自己好過，未料，它還是會在任何我未知的情況，再度浮現出來。此時，才開始讓我甘願學習嘗試釋放。我發現，學習釋放的同時，還要學會靜心，這樣的釋放才會有療效。

幾年來，做了許多釋放，我已然不知哪個最有效，只知道我現在過得輕鬆自在，內心很平靜。即使前夫外遇讓我受到重大打擊的當下，我還能擁抱及安慰他：小三的離開，並不是他的錯。無法想像，我曾經是一個超級醋海，連女生跟他多說一句話，都會飆怒的人。

我體會到的釋放，是讓自己走入內心深層的療癒，並非一朝一夕就能馬上看到成效。幾年下來，釋放累積的能量，讓我充分感受到它的威力與可貴的心靈價值。我想，這輩子唯有釋放，才能讓我真正離苦得樂了！

◎釋放打開內心的視野（言明妍）

第一次認識素珍老師是幫我父母做家族能量。在我母親那一場，完整呈現了我與母親的關係，整場從頭到尾母親沒看我一眼，而我從痛苦到絕望，老師說那是一個互相虐待的關係，我心裡覺得無力也很無奈，畢竟已經嘗試過許多方法了。

有人問過我母親，在這些孩子中誰最不讓她費心，她的答案是我的妹妹，因為我這個姊姊六歲開始就會照顧妹妹，像是帶著妹妹一起洗澡之類的。這就是我與母親之間的生活縮影。

從小為了討好也擔心母親過於勞累，我總是努力地想，還可以為她做些什麼，只是所有的努力從來沒有成功過。後來努力的理由變成「我要趕快把欠她的債還清，這樣我就可以離開她了」。其實我不曾受過任何肢體或言語的施暴，我只是被徹底地忽略。

我看見我的內心，從期待、失望、不平、憤怒、怨懟走到了絕望，直到跟素珍老師學習了釋放，才開始有了轉圜。在釋放過程中看到了前世，我曾把母親害慘了，我害她雙腿無法動彈；也親身感受到她悲痛欲絕、呼天搶地的憤恨；更看到我的驚恐、後悔與抹不去的罪惡。看到了這一幕幕，才驚覺，原來自己以為被不公平的對待，其實已經是重罪輕受，而我母親也已展現了最大的善意。

若是內在的憤怒、怨恨沒有流動，我想這糾結的關係不會停止。透過釋放，讓我看見曾經以為被這世界遺棄，原來是如此地被守護；曾經以為自己如何的付出與自我犧牲，原來是為了撫平內在的罪惡；曾經怨懟對方如何的不該，原來對方已盡了最大的善意；曾經以為自己多麼設身處地竟落得如此不堪，原來這一切只是為了成就更好的自己。

過程中也邀請了別人一起共舞，謝謝與我共舞的人，謝謝有這樣的機會學習，更謝謝素珍老師無私的教導。

情緒的釋放

◎釋放害怕沒有位子（黃秋玉）

一向很期待、也很享受靜心班課後跟老師及同學用餐的時刻。席間大家可以交換上課心得或詢問老師問題。雖然我的話不多，但光是在場便覺得喜悅。

這一期靜心班的學員人數增加了，新的學員很融入團體，課後很多人加入共餐的行列。若無事先預訂餐廳，往往到了現場必須分批入座，有時也無法隨心所欲跟較有話聊的同學同桌。於是我的焦慮開始產生。首先是下課後急著收拾以便趕赴餐廳，連帶對動作較慢的夥伴感到不耐煩；後來索性找理由不參加，直接打道回府。回家覓食不是問題，心情也沒有太大起伏，我並不認為這是問題，而且可以避免面對上述的焦慮。

宗燁老師注意到我的改變而表達關切。在回答他的過程中，我毫無預期地流下眼淚，當下我意識到自己對「位子」壓抑了情緒。老師建議我試著釋放。除了在課堂上由素珍老師帶領，或者身體不舒服的情況，我很少實際進行情緒的釋放。抱著姑且一試的態度，我開始釋放「害怕沒有位子」。才一說出這句話，情緒的黑箱立即打開，許多以前當作笑談的往事，都冒出另一面的感覺：

幼時跟父親搭火車到台北，一有人下車，大家便搶著入座，爸爸跟我永遠搶不到，腿很痠的無力感；國中時，因為早自習時間愛講話，未經警告就被罰，整個學期上課坐在教室後方特別座的羞辱感；剛結婚時，在婆家不知如何自處，一直想逃離的慌張感。這些感覺陸續浮現，身體也出現疼痛，眉心痛、心痛⋯⋯這些感覺其實在生活中並不陌生，只是我從未把它們跟舊時的記憶連結在一起，也沒有注意到它們深深影響了我的生活態度。

看到父親搶不到位子，幼小的我下了結論：「父母的能力不足以保護我，我要靠自己。」從小到大，遇到困難從不會跟父母求助或分享，都是自己想辦法解決，很多時候會有孤立無援的感覺。

對於國中被罰坐特別座的事，我很氣老師沒有事先警告，我認為自己有自律能力，如果老師先跟我說，我一直講話會影響其他同學讀書，我一定會改進的。從小學到高中，也不是沒有被體罰過，但在我心中，沒有一樣比這種隔離式的處罰更難受。我相信：「如果被告知充分訊息，我就不會犯錯，就不會被處罰。」所以凡事盡量收集資訊再行動，鉅細靡遺，耗費許多心神，難以放鬆。

接著看到有一次課後共餐，因為想跟老師同桌，而丟下好友讓她去別桌的罪惡感，以及自己面臨其他好友類似對待時的失落感。

我真正害怕的，不是沒有位子，而是沒有位子背後的無力、孤單、失落感。從短短一句釋放的話開始，每出現一種感覺，我就跟著釋放它。就像浪潮一樣，它來了，又退了，由痛轉為平靜。我哭了一小時，感覺內在那個害怕沒有位子的小孩，在淚水中已得到療癒。

在這之後，課後用餐的座位安排對我而言不再是困擾。後來不久到日本旅遊，原本出國自助旅行都要先預訂餐廳、車票位子，這次可以隨遇而安，耐心跟著愛排隊的日本人，享受等待的閒適。今年農曆過年回婆家，我終於很能夠自處，不再有想逃離的念頭。

◎**釋放對人的恐懼**（素芬）

剛開始接觸釋放，並未馬上接受且帶著懷疑，經過一段時間的學習，才逐漸體會釋放的美好，也會注意自己的心念，自然地做釋放。釋放讓我重新認識自己，聆聽到內心的吶喊，開啓生命的一扇窗。

有一次釋放對人的恐懼，出現被出賣及被凌虐的人。經釋放後，再面對人時感到輕鬆許多。非常感謝老師教導釋放，讓我的人生越來越輕鬆自在。

為家人釋放

◎**幫家人釋放**（慧臻）

上週末返家，發現媽媽身體不舒服，躺在床上胸痛想吐，我帶著她做釋放，釋放這些症狀，後來好些了，但仍全身無力。她還說身體已難過了半個月，睡不著，一直吵著要吃安眠藥。

隔天，她依然非常虛弱，恰好聽到爸爸說，他昨晚沒睡，因為在煩和媽媽之間的事。突然我想起來，我媽每隔幾年身體就會出現一次很大的狀況，當時我都只顧著用氣功去處理，事倍功半，搞到最後才知道，原來是她心情不好。

於是，第二天我就帶著媽媽做情緒的釋放，釋放心情不好的負面能量、鬱卒的負面能量、憂鬱的負面能量（釋放過程中，我感覺到她的感覺，並一一做確認）。然後，我帶著她念：「是的，我心情不好。是的，我很鬱卒。是的，我很憂鬱。」

雖然媽媽虛脫無力，也跟著念了。神奇的是，在她念的時候，我可以感覺到大量的火氣洩出來，沒多久她就深沉地睡著了。睡了兩個小時之後，整個人像活過來一般，不再是原先不成人形的模樣。不得不驚嘆釋放的強大，以及「承認」的力量！

在那之後，我依舊每月返家一次，每次回去都發現媽媽沒有再掉回原來的情緒漩渦裡，而且能量跟專注力提升許多。以前電影看十分鐘就會喊累的她，現在可以進入劇情，而且看到結局。為了看重播，還願意學習如何操作以前對她而言很困難的電視、手機界面，令我驚訝不已！

◎釋放頭暈（瑩珠）

週日，我跟老公、孩子們要出門時，老公說頭暈，我幫他做了兩次「釋放頭暈的能量」，他覺得好了一點，我們便趕著出門但沒再繼續。

孩子們去圖書館借還書，我們在一樓健康中心等待，順便玩了一些檢查儀器，其中一項是用食指測血氧指數，96以下是缺氧狀態，老公測出來的指數是91，而且他心跳也比較快。

這時候，我突然冒出玩釋放的念頭，於是帶著老公念「釋放缺氧的能量」，我念一次他跟著念一次，我念了七次他也念七次，總共唸十四次。念的時候，我看著他頭部的火氣像煙霧一樣冒出來。念完「釋放缺氧的能量」之後，我們再檢測一次，結果指數上升到99的正常範圍，心跳指數下降了10！

與逝去的家人連結

◎媽媽，謝謝你（宗燁）

不知多久以前，我就一直隱隱地擔心父母親離開的那天到來，看到家人的來電就會擔心是不是父母怎麼了。就這樣好多年過去了，直到去年暑假，擔心的那天終於到來。從急診到加護病房，再到普通病房，直到最後的離開，面對幾次醫護人員追問要不要急救？要不要插管？都是椎心的決定。有幾個輾轉難眠的夜晚，我只好起來釋放失眠的能量，出現媽媽插管急救的畫面，釋放了不捨、愧疚與心痛等等，隨著痛哭，心情一層一層鬆開，平靜下來之後很快就入眠了。

現在回想起來，似乎冥冥之中都是最好的安排，讓我們有機會在媽媽走的前一晚，一起圍在她的身邊，握著她的手輪流告訴她，我們對她的感激與愛。在那一刻，時間好像靜止了，心輪的暖流與愛流動著，病房中有種恬靜祥和的氛圍。

那段時間，剛好上過素珍老師「釋放失去所愛」的課，讓我幾乎沒有一般失去親人的悲傷反應。悲傷輔導的理論說，走出失親之痛至少要一年。前幾個月還會出現一個念頭：「咦！媽媽不是剛走沒多久嗎？我怎麼沒有悲傷的感覺？」

最近打拳突然浮現高中時，媽媽雨夜中佇立在我下車的站牌，等著送傘給我的身影。現在想到媽媽，就是這種踏實與滿心的感激，跟老師的學習就是這樣不知不覺已經跨越了好多障礙。

◎阿爸，我好想你（英錫）

十歲那年，父親意外過世後，家裡的氛圍劇變，印象中鮮少再有人提起父親的事。久而久之，似乎也淡忘了他，只有每年清明節，回鄉祭祖，趕場似地清理一次他的墓園。以為跟他的關係與交集只有這樣了，有時想起，卻也莫可奈何！

我在學業上的自暴自棄，以便逼迫自己早日站上他的位置。國中畢業兩天後，就逃離似地離開我生長的地方，只知道往後一切都要靠自己了，吞下多少的孤單、寂寞、無助、悲傷，義無反顧的犧牲卻帶有一點不甘心。

幾年前上素珍老師的釋放課時，跟著老師釋放「被家族排除的人」，心裡立刻聯想到我的父親。但當時並沒有太大的反應，可能是我知道我並沒有排除他或遺忘他吧！

某天午後，在家中，興起把上課的釋放做一遍的念頭，當再次做到「被家族排除的人」時，腦海再度浮現父親的影像。父親已逝世多年，雖自認沒有遺忘或排除他，但我問了自己：「有真正想起他嗎？」沒有！真的沒有！此時，我心有所悟，嚎啕大哭：「為什麼會這樣？我多想告訴你，阿爸！我是多麼想你！」我喊著：「阿爸，我好想你！」

長久以來，從不知道我對父親有如此強烈的思念。這天的領悟，似乎讓這股能量找到出口，思念的情緒得以化開。

接下來幾天，這股能量如影隨形，占據我的腦海，左右我的思緒，鼓動著我的淚腺，將我對父親的思念，化做淚水流淌開來，心裡是溫暖的，心情是安定的。幾十年來未曾深嘗的這份思念，卻也有溫馨與美好的感覺，讓我在未來的日子裡，可以輕易地面對這份思念，勇敢地提起與面對；縱然揪心落淚，也不再逃避，承認「父親已經不在，但他永遠與我同在」。

「我想你！」與父親來一場無言的對話。小時候父親用腳踏車載我上學的影像，整整一個星期盤旋在我的腦海裡，讓我熱淚盈眶不知幾回。頓時覺得原來他們一直都在，對我的愛也一直都在，在我身上，在我心中，我不曾失去過他們。當我感受到這一點，整個人豁然開朗，有一種明白的感覺，原來這樣就夠了，過去的種種辛苦根本不值一顧，籠罩的烏雲退散，如一盞燈光照破千年的黑暗。

從以上感人的分享實例，我們可以看到，釋放適用各種情況、各種時機，只要身、心有任何不舒服的感覺或痛苦，不論哪個部位皆可釋放，且都會有紓解的作用。而在釋放身體的病痛時，往往帶出與此病痛有關的內在糾結，顯見人的身體與內心有深刻關聯。

釋放也帶出了我們與親人的連結，增進親人之間的情感。我們不但可以為親人的不舒服釋放，也可以為我們的人際關係釋放。在釋放過程中，不但改善了我們的人際關係，也讓我們對自己的內心有更深入的瞭解。這些現象顯示，人與人之間的密切關係，遠超過我們的想像。

「身心不二」、「眾生一體」，透過釋放，我們會有深一層的體悟。

國家圖書館出版品預行編目 (CIP) 資料

當下的釋放：解身體的痛，療心裡的傷 / 劉素珍著 . -- 初版 . --
新北市 : 木馬文化出版 : 遠足文化發行 , 2018.09
面； 公分
ISBN 978-986-359-558-8(平裝)
1. 生活指導 2. 自我實現
177.2 107008471

當下的釋放
解身體的痛，療心裡的傷

作　　者　劉素珍
文字整理　李宗燁
副 社 長　陳瀅如
總 編 輯　戴偉傑
編　　輯　楊惠琪
行　　銷　陳雅雯

出 版　木馬文化事業股份有限公司
發 行　遠足文化事業股份有限公司
地 址　23141 新北市新店區民權路 108-4 號 8 樓
電 話　(02)22181417
傳 真　(02)22180727
郵撥帳號　19588272　木馬文化事業股份有限公司
法律顧問　華洋法律事務所　蘇文生律師
初版 1 刷　2018 年 9 月
初版 12 刷　2024 年 4 月
定　　價　320 元